Llyfrau Llafar Gwlad

Plu yn fy Nghap

D. Picton Jones
Gol. Lyn Ebenezer

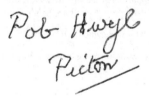

Pob Hwyl
Picton

Argraffiad cyntaf: 2015

ⓗ D. Picton Jones

Cedwir pob hawl. Ni chaniateir atgynhyrchu unrhyw ran/rannau
o'r gyfrol hon mewn unrhyw ddull na modd
heb drefniant ymlaen llaw gyda'r cyhoeddwyr.

Rhif rhyngwladol: 978-1-84527-527-3

Mae'r cyhoeddwr yn cydnabod cefnogaeth ariannol
Cyngor Llyfrau Cymru

Cynllun clawr: Sion Ilar

Cyhoeddwyd gan Wasg Carreg Gwalch,
12 Iard yr Orsaf, Llanrwst, Conwy, LL26 0EH.
Ffôn: 01492 642031 Ffacs: 01492 641502
e-bost: llyfrau@carreg-gwalch.com
lle ar y we: www.carreg-gwalch.com

Argraffwyd a chyhoeddwyd yng Nghymru.

Cynnwys

Cyflwynedig i
Helena
ac er cof am Nhad a Mam

Cyflwyniad

Mewn erthygl yn y *Welsh Gazette* yn 1937 dyma ddywed y Prifardd D. Cledlyn Davies am bentref Llanwnnen: 'O ran ei faint, nid oes bentref mwy twt a phrydferth na Llanwnnen o fewn ein Sir' (Ceredigion).

Mae'r cwpled hwn yn dal ar wefusau trigolion yr ardal o hyd:

'Llanwnnen, lle llawn annwyd
Lle llwm am dân, lle llawn am fwyd'

Plwyf cymharol fach yw Llanwnnen ac ystyr y cwpled yw nad oedd digon o fawn ar gyfer cynnau tân, ond fod yna ddigon o dir da i dyfu cnydau.

Yn y plwyf, ar fferm Drefach ar gyrion y pentref y ganwyd David Edward Picton Jones, neu ar lafar gwlad Pic Drefach. Bu Sal, ei fam, farw ar enedigaeth Picton a phenderfynodd Daniel, ei dad ymgymryd â'r cyfrifoldeb o'i fagu, ond am y bum mlynedd gyntaf cafodd help a gofal arbennig Sarah y forwyn.

Fel y tad, y mab! Roedd Dan Drefach yn ddyn dofednod a phlannodd y diddordeb yn Picton. Erbyn hyn mae Picton Jones yn enw cenedlaethol yn Sioeau Cymru a Phrydain ac yn cael ei gydnabod fel arbenigwr ym myd dofednod trwy'r gwledydd. Yn wir, mae'r teulu brenhinol yn adnabod Pic Drefach bron cystal â neb yng Nghymru. Yn y llyfr hwn ceir portread byw o Picton, y cymeriad lliwgar, y storïwr a'r cwmnïwr da. Lle bynnag y mae, clywir ei chwerthiniad iach a'i hiwmor ffraeth. Ond mae yna ochr ddwys a difrifol iddo, a gwelwyd honno droeon lle mae tristwch wedi taro ar fywyd unigolion neu ardal.

Yn nhudalennau'r llyfr hwn cewch gyfle i adnabod y cystadleuydd peryglus, y beirniad craff, y pysgotwr a'r cyn-botsier a'r Rhyddfrydwr didroi'n ôl. Erbyn hyn mae ei briod Helena yn cael cymaint o hwyl a blas a Picton yn paratoi'r dofednod i'r sioeau.

Ble fyddai Pic hebddi ? A wir i chi, mae yn gwneud mwy o ffws ohoni na'r ieir! Feddyliais i erioed y gwelwn i Pic yn priodi! Diolch i hynny ddigwydd, rai blynyddoedd nôl erbyn hyn. Tybed a fyddai'r llyfr yma wedi gweld golau dydd oni bai am berswâd a dylanwad Helena?

Pob hwyl gyda'r darllen.

Goronwy Evans, Llanbed

1

Lle crafa'r iâr

Beth sydd mewn enw? Dyna'i chi hen, hen gwestiwn. Ydi enw rhywun yn bwysig? Wel ydi, fe all fod, yn enwedig os yw'n enw anarferol. Ac fe brofodd i fod felly yn fy achos i. Ac mae Picton, neu Pic fel mae pawb yn fy adnabod, yn enw anarferol. Does dim angen defnyddio cyfenw. Yn wir, does dim angen defnyddio Picton. Mae defnyddio Pic yn ddigon.

Mae gen i dri enw bedydd. Ac fe alla'i ddychmygu pobol yn gofyn pam mae angen tri enw ar ddyn sydd mor fach o gorffolaeth? Fy enw i'n llawn yw David Edward Picton Jones. Rwy'n siŵr fod yna gannoedd sy'n ateb i'r enw David Jones. Felly hefyd Edward Jones. Ond heddiw, hyd y gwn i, does ond un Picton Jones yn y cyffiniau hyn. A fi yw hwnnw.

Roedd gan Mam chwaer a brawd o briodas gynta'i thad. Nyrs oedd y chwaer. Ficer oedd y brawd yn nhref Paignton yn Nyfnaint, sef Evan Tom, ac ef fu'n gyfrifol am gynnig yr enw Picton. Roedd ganddo ffrind pan oedd e'n Gurad yng Nghasnewydd o'r un enw. Ac oddi wrth hwnnw, drwy fy ewythr y cefais i'r enw Picton. Dyw e ddim byd i'w wneud felly â'r bachan a laddwyd yn Waterloo.

Fe ddaeth yr enw David ar ôl tad Mam. Roedd yr Edward yr enwyd fi ar ei ôl yn hanner brawd i Nhad. Cofiwch, pan fydd pobol yn gofyn i fi ai ar ôl y Cadfridog Picton y bedyddiwyd fi rwy'n dweud wrthyn nhw:

'Chi'n iawn. O'n ni'n dau yn perthyn yn agos!'

Mae yna gofeb iddo fe yng Nghaerfyrddin. Mae yna gastell ac ysgol yn dwyn enw'r teulu yn Sir Benfro ac mae amryw o dafarndai yn coffau arwr Waterloo er ei fod e, yn ôl rhai haneswyr, yn dipyn mwy o flagard nag o arwr. Ond yr unig Waterloo fues i'n agos iddo fe erioed oedd y stesion o'r un enw yn Llunden. A dw'i ddim yn meddwl y gwnaiff neb godi cofeb i fi. Os digwydd i rywun deimlo

Fy rhieni ar ddydd eu priodas yn 1930

fel gwneud hynny, fe fyddwn i'n dymuno cael un ar siâp sied ffowls.

Fe ail-briododd tad Mam, sef Dafydd Beili-bedw ac fe gafodd bump o blant o'r ail-briodas. Un o blant y briodas gyntaf oedd Mam. Wnes i ddim erioed ei hadnabod hi. Fe fu hi farw pan o'n i'n faban pythefnos oed. Morwyn wnaeth fy magu i nes o'n i'n bump oed. Ac fe glywais Nhad, Daniel yn dweud droeon,

'Hyd yn oed petai dy fam byw, fydde ti ddim wedi cael gwell magwraeth na ches ti gan Sarah'r forwyn.'

Trawyd Mam yn wael ar fy ngenedigaeth, a ddaeth hi ddim dros y salwch hwnnw. Fe wnaeth y meddyg teulu, Doctor Tunn o Lanybydder bopeth fedre fe drosti. Dyn o'r India oedd Doctor Tunn. Peth anarferol iawn bryd hynny oedd cael doctor o wlad dramor, heb sôn am un oedd yn groenddu. Ond roedd e'n ddoctor da, a neb yn meddwl am wahanol liw ei groen. Heddiw mae meddygon tramor yn gyffredin iawn, wrth gwrs. A diolch amdanyn nhw.

Fe geisiodd Doctor Tunn bopeth, ond doedd Mam ddim yn gwella. Fe aeth Nhad wedyn at ddoctor yn Llanbed, un a oedd yn cael ei adnabod fel Y Doctor Bach. Fe ddywedodd hwnnw o'r dechre mai gwyrth fyddai hi petai e'n llwyddo i arbed ei bywyd hi. Y geiriau wnaeth y doctor eu defnyddio oedd 'kill or cure'. Fe rybuddiodd e Nhad o hynny ac fe roddodd iddo'r dewis. Ond doedd yna ddim dewis, mewn gwirionedd. Teimlai Nhad mai hwn oedd y cyfle olaf, ac fe roddodd ganiatâd i'r doctor roi cynnig ar ei gwella. Yn wir, roedd hi'n edrych am sbel fel petai hi yn gwella. Ond marw wnaeth hi gan adael Nhad yn ŵr gweddw i godi mab pythefnos oed.

Ry'n ni'n sôn am gyfnod pan oedd genedigaeth yn medru bod yn beryglus iawn. Yn wir, fe gollodd Doctor Tunn dair menyw ar enedigaeth o fewn cyfnod byr, a Mam oedd un ohonyn nhw. Nhad – a'r forwyn, Sarah felly – wnaeth fy nghodi. Roedd Sarah wedi cael plentyn ei hun ond fe wnaeth ei mam edrych ar ei ôl fel y gallai hi weithio. Am bum mlynedd cyntaf fy mywyd felly, Sarah oedd fy mam wen, ac iddi hi oedd y diolch am fy meithrin drwy'r blynyddoedd cynnar.

Roedd e'n beth digon naturiol i forwynion, a merched ifanc yn gyffredinol, gael plant cyn priodi yn y dyddiau hynny. Ry'n ni'n rhyw feirniadu moesau llac pobl ifanc heddiw. Ond roedd hi lawn cynddrwg bryd hynny. Y gwahaniaeth oedd bod y peth yn sgandal ac yn cael ei gadw'n dawel bryd hynny. Rhagrith oedd wrth wraidd y peth. Roedd e'n stigma cymdeithasol, a merched ifanc yn cael eu torri mas o'r capel o'r herwydd. Dyna'i chi beth oedd rhagrith o'r math gwaethaf.

Roedd yna eithriadau, wrth gwrs. Ro'n i'n adnabod un wraig oedd yn cael plant byth a hefyd ond yn cymryd rhywbeth at gael eu gwared nhw. Fe gâi'r babanod eu geni ymhell cyn pryd, ac yn farw. Ac yna fe fydde hi'n eu claddu nhw yn yr ardd. Fe'i rhybuddiwyd hi'n y diwedd gan y Doctor Bach y gwnâi e fynd at yr awdurdodau os na wnâi hi roi diwedd ar y peth.

Pan o'n i'n blentyn fe fydden ni'n cadw gwartheg *Friesian* a thua 120 o ddefaid, a finnau'n dechre rhoi help llaw pan o'n i'n ddim o beth. Yn syth o'r ysgol fe fyddwn i'n helpu Nhad. Ond yn gynta roedd yn rhaid i fi newid o ddillad ysgol i ddillad llai parchus, ond teidi. Roedd Nhad yn benderfynol, er nad oedd gen i fam i edrych ar fy ôl, na châi neb achos i ddannod fy mod i'n gwisgo'n shabi. Châi neb achos i ddweud fy mod i'n cael fy esgeuluso. Châi neb ddweud,

'Druan bach! Edrychwch ar bilyn hwn. Sdim mam gydag e, chweld.'

Rhaid felly fyddai gwisgo'n deidi bob amser. Glanhau fy sgidie wedyn bob bore nes eu bod nhw'n sgleinio gymaint, fe fedrwn i weld fy llun ynddyn nhw. Ac yn saith neu wyth oed fe fyddwn i'n godro un fuwch bob nos. Godro â llaw, wrth gwrs.

Daniel oedd enw Nhad a Sal oedd enw Mam. Merch Beili-bedw, Llanwenog oedd hi. Fel y dywedais i, wnes i ddim o'i hadnabod hi erioed, ddim ond trwy luniau. Teulu o ffermwyr oedden nhw hefyd, wedi bod ym Meili-bedw ers blynyddoedd maith. Yn wir, mae'r tylwyth yn dal yno o hyd.

Roedd yna deuluoedd mawr o gwmpas bryd hynny, ond er fy mod i'r unig blentyn, theimlais i ddim erioed fy mod i'n wahanol. Petai Mam wedi marw pan o'n i'n saith neu'n wyth oed, fe allai fod yn stori wahanol, cofiwch. I fi roedd Nhad yn dad ac yn fam. Fe fuodd ewythr yn byw gyda ni am gyfnod. Roedd e wedi mynd yn ddall ond fe fedre fe fy ngwthio ar hyd y clos mewn pram. Mae gen i frith gof o hwnnw. Ef oedd yr Edward hwnnw y soniais i amdano eisoes, hanner brawd Nhad.

Ddiwedd ei oes fe gollodd Nhad ei olwg hefyd. Glaucoma oedd yn gyfrifol am i'r ddau fynd yn ddall, rhywbeth sy'n medru rhedeg mewn teulu. Dyna pam fyddai'n mynnu cael profion ar fy llygaid yn flynyddol. Fe fydde colli fy ngolwg yn hunllef i fi. Meddyliwch am fethu â gweld y ffowls rwy'n eu magu.

Nhad, ar ei ben ei hun wnaeth fy nghodi wedi i Sarah adael ar ôl pum mlynedd o ofal. Fe fyddai disgwyl, falle, a finne'n unig blentyn i Nhad a fi fod wedi anghytuno ar brydiau. Ond na, fel arall fuodd hi. Yn wahanol i lawer tad a mab fe wnes i a Nhad gytuno drwy ei oes. Fuodd yna ddim un gair croes rhyngddon ni erioed. Nid pob tad a mab allai ddweud hynny. Wrth gwrs, fe fydde gwahaniaeth barn nawr ac yn y man. Ond dim byd a fyddai'n gwneud i ni gwympo mâs yn ei gylch. A phan fyddai rhyw anghytuned ar brydiau, fe fydden ni'n cytuno i anghytuno.

Dyn y filltir sgwâr fues i tan yn gymharol ddiweddar, pan wnes i symud i Lanbed. Ie, un o Fois Llanwnnen ydw i. Mae'n werth fan hyn cyfeirio at gefndir enw Llanwnnen. Mae'n debyg i'r lle gael ei enwi ar ôl sant o'r enw Gwynnen. Roedd hwnnw'n fab i batriarch o'r enw Brychan Brycheiniog oedd yn byw yn y bumed ganrif.

Roedd hwnnw'n dipyn o foi. Fe briododd deirgwaith ac yn ôl rhai roedd e'n dad i rhwng deuddeg a 63 o blant, er bod rhai haneswyr wedi setlo ar ddau ddwsin.

Ardal fach dawel oedd hi rhwng Llanbed a Llanybydder. Adeg fy mhlentyndod, er bod y lle'n ymddangos yn ddifywyd, fe fydde yna ddigon yn digwydd yn yr ardal i ddenu bechgyn a merched at ei gilydd. Fe fydde mynd mawr ar ffeiriau'r dyddiau hynny. Rwy'n cofio ffeiriau Llanbed a Llanybydder yn denu'r torfeydd. Roedd ffair yn Llanwnnen ar y 13eg o Ragfyr bob blwyddyn sef Ffair Lwnnen. Roedd hi wedi dod i ben ymhell cyn fy nyddiau i. Ffair greaduriaid oedd honno, moch a gwyddau yn bennaf.

Mae sôn fod prynwyr o Sir Forgannwg yn prynu gwyddau yno a'u cerdded nhw adre. Fe gai'r gwyddau, mae'n debyg, eu cerdded cyn y daith dros haen o byg ac yna dros raean. Byddai'r graean yn glynu wrth y pyg a hynny wedyn yn arbed traed y gwyddau.

Byddai'n gystadleuaeth fawr rhwng Ffair Lwnnen a Ffair Cribyn, neu Ffair Sant Silyn fel y câi ei nabod. Fe arweiniodd hynny at i fardd lleol gyfansoddi rhigwm:

Mae Ifan Lloyd, y Cribyn
Yn hoff o Ffair Sant Silyn;
Mae Ffair Llanwnnen lawer gwell
Ond bod hi 'mhell i asyn

Ffair Dalis oedd ffair fawr Llanbed. Yn y dyddiau gynt fe gâi ceffylau gwedd eu gwerthu yno ar ôl eu dangos ar y stryd. Mae yna gofnod am 110 o geffylau yn 1901 yn cael eu cludo oddi yno mewn cant o wagenni o stesion Llanbed. Yn y dyddiau hynny câi ceffylau hefyd eu cerdded i Landeilo, Abertawe ac mor bell â Chaerdydd. Roedd rhai o'r ceffylau gorau yn mynd am £40 a £50. Erbyn y Rhyfel Mawr, a galw am geffylau gwedd i lusgo'r gynnau mawr roedd rhai yn mynd am rhwng £150 a £160. Ar un adeg mae'n debyg fod yna gymaint ag wyth ffair yn Llanbed. Ond Ffair Dalis oedd yr enwocaf. Roedd o leiaf ddwy o'r rheiny, Ffair Dalis Fach a Ffair Dalis Fawr.

Ffeiriau cyflogi oedd amryw o ffeiriau'r fro ar un adeg. Ond roedd yr arfer hwnnw'n araf ddod i ben pan o'n i'n grwt. Mae gen i frith gof o hyd o ffermwr yn rhoi ern o goron, dwedwch, i grwt ifanc ar ddiwrnod ffair er mwyn sicrhau ei wasanaeth. Roedd yr ern yn arwydd o gytundeb rhwng y cyflogwr a'r darpar was am wasanaeth blwyddyn.

Fe allai'r ffeiriau hyn ddenu trafferthion, pobol yn meddwi ac yn ymladd. Yn wir, fe fyddai ymladd yn beth cyffredin gyda bechgyn un ardal yn ymladd yn erbyn bechgyn o ardal arall. Roedd y ffair yn gyfle hefyd i ambell un i ddial ar un arall, neu dalu'r hen chwech. Fe allai cynnen fod yn mudlosgi ers misoedd, a'r cwrw ar noson ffair wedyn yn olew ar y tân. Ond fe fydde Nhad yn cofio adeg hyd yn oed yn waeth, pan ddaeth Gwyddelod draw i weithio ar y rheilffordd o Lanbed i Aberaeron yn 1911. Roedd clatsio y tu allan i dafarndai yn gyffredin iawn, medde fe.

Oedd, roedd digon yn digwydd i ddenu pobol ifanc at ei gilydd. Eisteddfodau, wrth gwrs. A dawnsfeydd, er mai ychydig iawn o

Bythynnod Drefach, lle ganwyd a magwyd fi ar lan afon Grannell.

ddiddordeb oedd gen i yn rheiny. Unwaith eto, fe allai fod yna glatsio mawr mewn dawnsfeydd fel rhai Llanybydder. Roedd bois lleol yn dueddol o amddiffyn eu patshyn. Ond fy hunan, fedra'i ddim cofio mynd i fwy na dwy ddawns erioed, un ym Mlaendyffryn a'r llall yn Llanbed. Ro'n i'n cael digon o fenywod heb orfod mynd i ddawnsfeydd! Rwy'n cofio un fam yn rhybuddio'i merch, ar yr adeg pan o'n i yn fy nyddiau gorau, iddi fod yn ofalus gan mai bachan 'hit and run' oeddwn i. Roedd hi'n iawn!

Wnaeth priodi a setlo lawr ddim apelio ata'i am flynyddoedd. Yn wir, wnes i ddim breuddwydio y gwnawn i byth briodi. Doeddwn i ddim yn gweld angen. Fe fedrwn i fyw ar fy mhen fy hunan yn gwbl ddidrafferth. Fe fedrwn i droi fy llaw at wneud bwyd ers pan o'n i'n grwt. Rwy wedi gorfod gwneud. A hynny'n golygu paratoi bwyd i fi a Nhad am flynyddoedd a chynnal gwaith y tŷ a gwaith y fferm. Pan wnes i o'r diwedd ffeindio merch fyddai'n fodlon fy mhriodi, fe ges i drafferth rhoi coler am ei phen. Ond stori at nes ymlaen yw honno.

Yn nhyddyn Drefach y ganwyd Nhad a sawl cenhedlaeth o'r teulu o'i flaen. Ac er fy mod i'n byw yn Llanbed nawr, mae'r tyddyn bach yn dal gen i ac fe fyddai'n mynd draw ddwywaith bob dydd i gael golwg ar y ffowls a'u bwydo nhw. Mae Drefach yn un o hanner dwsin o dai sydd mewn clwstwr clos, ac mae'r llecyn i bob pwrpas yn bentre bach ynddo'i hun. Mae'r tyddyn yn 45 erw. Fe fuodd unwaith yn 60 erw ac fe ges i fy ngeni i synau clwcian ieir a chanu ceiliogod. Roedd Nhad yn fridiwr ac yn ddangoswr, a naturiol oedd e i fi ei ddilyn.

2
Magu plu

Er mai unig blentyn oeddwn i roedd yna grugyn o blant ymhlith y cymdogion yn gwmni. Gerllaw roedd yna dri theulu yn byw mewn un bwthyn tair stafell. Heddiw rwy'n cadw ieir yno. Ac mae pobl yn cwyno am dlodi heddiw. Dy'n nhw ddim yn gwybod eu geni. Meddyliwch, mewn un bwthyn bach ger Drefach fod tri theulu wedi gorfod siario'r aelwyd gyda'i gilydd. Ers tro bellach, cartref i'r adar yw Drefach hefyd erbyn hyn. Mae fy adar i yn byw mewn steil.

Fel pob plentyn arall o'r cyfnod fe ddechreuais fynd i'r ysgol yn bump neu'n bump a hanner. Mynd wnes i gyntaf law yn llaw gydag un o fechgyn Beili-bedw, Dennis. Mae e'n byw nawr yng

Hen lun o Ddrefach gyda nhad yn fachan ifanc 19eg oed, gyda'i dad a'i fam, sef tad-cu a mam-gu.

Nghwmffrwd. Yn ffodus roedd yr ysgol o fewn ychydig dros hanner milltir i Ddrefach. Doedd yna ddim cyfleusterau ar gyfer bwyd ysgol bryd hynny, ar wahân i gawl. Felly fe fyddwn i'n medru dod adre i gael bwyd bob awr ginio gan roi ychydig o help llaw ar yr un pryd.

Fe godwyd Ysgol Llanwnnen yn 1908. Erbyn hyn mae yna gynllun fydd yn golygu cau Ysgolion Llanwnnen, Llanwenog a Chwrtnewydd a'u huno nhw mewn ysgol fro mewn un adeilad newydd. A dyna, i fi, fydd diwedd y pentre. Yr ysgol yw'r unig ganolfan naturiol sydd ar ôl bellach. Fe fydd mwy o adnoddau yn yr Ysgol Fro a gaiff ei chodi ym mhentre Drefach, wrth gwrs, ond fe gollir rhywbeth mawr o gau Ysgol Llanwnnen.

Ar un adeg, yr ysgol oedd calon a chanol y gymdeithas. Y tu allan i oriau ysgol cynhelid pob math o weithgareddau yno. Ddwy flynedd ar ôl codi'r ysgol ger sgwâr Llanwnnen fe gynhaliwyd sioe ddofednod ar yr iard yn 1910. Mae'r traddodiad o gadw dofednod sioe yn lleol, felly yn mynd yn ôl dros o leiaf ganrif. Mae gen i o hyd gopi o gatalog sioe 1915, y bumed sioe flynyddol i'w chynnal. Roedd hi'n sioe ddofednod a chŵn. Roedd yna 19 o adrannau ar gyfer dofednod ac mae enw Nhad, Daniel Jones i'w weld mewn pedair adran, y *Leghorn*, Ceiliog o Unrhyw Frid, Iâr neu Geiliog o Unrhyw Frid a Hwyad neu Farlat Unrhyw Frid. Roedd Llanwnnen yn flaengar mor gynnar â hynny. Noddwyr y sioe, fel y nodir ar y rhaglen oedd cwmni enwog *Spratts*, a oedd yn cyflenwi bwydydd dofednod a chŵn.

Mae gen i boster hefyd yn fy meddiant o hyd yn hysbysebu sioe ddofednod yn Llanwnnen ar 28ain o Ragfyr 1921. Hysbysebir fod y digwyddiad i gael ei gynnal yn 'The Annual Palace of the West'. Rhestrir ugain o ddosbarthiadau ar gyfer dofednod gyda'r gwobrau yn 7/6 am ddod yn gyntaf, 4/- am ail safle a 2/6 am drydydd gyda swllt o dâl am gystadlu. Y tâl mynediad oedd naw ceiniog i oedolion a thair ceiniog i blant.

Yr athrawes gyntaf ges i yn Ysgol Llanwnnen oedd Miss Williams, Brynderw, perthynas i Nhad-cu. Roedd hi'n aelod o deulu enwog o gryddion yn Llanwnnen. Roedd hi'n ddynes ffeind

17

Hen lun o Sioe Llanwnnen nôl yn 1912

iawn. Byth yn fy nghosbi'n gorfforol. Cofiwch, roedd y ffaith ei bod hi'n perthyn yn help, siŵr o fod. Fe fu yna nifer o athrawon i gyd. Rwy'n cofio W. D. Jones wedyn, a fu'n athro yn Ysgol Llanbed cyn dod i Lanwnnen. Roedd e hefyd yn ddyn ffeind ond yn smociwr trwm. Fe smociai drigain o *Players* y dydd. I fod yn deg iddo, byddai hanner y sigarét o'r golwg yn ei geg. Gellid dweud felly mai dim ond deg sigarét ar hugain y dydd wnâi e smocio. Ac i fod yn deg iddo, welais i ddim mohono fe erioed yn smocio yng ngŵydd y plant. Roedd ganddo fe ei safonau.

Un peth fyddwn i'n ei fwynhau fyddai gweithio yng ngardd yr ysgol. Roedd hynny'n rhan naturiol o'r cwricwlwm. Fe fydden ni'n plannu tato yno, hau llysiau, a'r cynnyrch yn mynd i'r cawl. Chwynnu wedyn. Fe fydden ni'r disgyblion hefyd yn helpu'r prifathro i gasglu falau o goeden yn yr ardd, ni'n eu tynnu ar ben y goeden a'u taflu nhw lawr iddo ef eu dal. Fe wnes i unwaith daflu afal yn rhy galed a'i hitio fe ar ei ben. Damwain oedd hi, cofiwch.

Fe wnes i fwynhau'r ysgol fach ar y cyfan. Roedd yna ddisgyblaeth, oedd. Ddim cymaint yn yr ysgol fach ag yn yr ysgol fawr. Clatsien ysgafn weithiau ar draws y clust oedd y gosb yn Llanwnnen. A honno, fel arfer, yn gwbwl haeddiannol. Ond yn yr ysgol fawr yn Llanbed roedd hi'n stori wahanol. Rwy'n cofio tair neu bedair o ferched yn cerdded heibio un dydd a finne'n neidio allan drwy ffenest atyn nhw. Roedd yr anian yn gryf hyd yn oed bryd hynny. Pwy ddaeth heibio ar y pryd ond yr athro daearyddiaeth. Fe gydiodd yn fy nghlust a fy arwain i mewn i'r stafell ddosbarth. O'r cwpwrdd fe dynnodd allan wialen gollen fain, a honno'n crynu yn ei law.

Yng nghanol y bechgyn ysgol yn Ysgol Llanwnnen nôl yn y tridegau

Gorchmynnodd fi i blygu. Ond cyn i'r wialen ddisgyn, fe godais. Fe rybuddiodd fi, bob tro y gwnawn i godi y cawn i glatsien ychwanegol. Ac fe gadwodd at ei air. Ar ôl y gosfa honno fedrwn i ddim eistedd lawr am hydoedd. Heddiw fe gâi e jâl. A hynny'n haeddiannol hefyd.

Yn yr ysgol fawr yn Llanbed yn 14eg oed, y pwnc gwaethaf gen i am ryw reswm oedd Cymraeg. A finne'n siarad yr iaith bob dydd, drwy'r dydd. Roedd fy Saesneg i'n ddigon tolciog, ond ro'n i'n well mewn gramadeg Saesneg nag oeddwn i mewn gramadeg Cymraeg. Rwy'n ffeindio hynna'n od.

Ro'n i'n falch cael dod mâs o'r ysgol. Yr ysgol orau ges i erioed oedd ysgol brofiad adre yn Nrefach. Wedi i fi adael yr ysgol, gweithio gartre gyda Nhad fues i, ac wrth fy modd yn gwneud hynny. Roedd ganddon ni tua phymtheg o wartheg bryd hynny a thua cant a hanner o ddefaid *Beulah* a hwrdd *Suffolk*. Ro'n i'n wedyn yn troi at unrhyw waith fyddai ei angen. Fe fues i, er enghraifft, yn cneifio â gwellaif. Wedyn y daeth y peiriant trydan. Roedd cneifio â gwellaif yn gofyn am gryn grefft. Ac roedd cneifio ŵyn yn gofyn am grefft arbennig am fod y cnu yn dynnach. Y gyfrinach fawr fyddai gofalu cadw'r llafnau'n finiog. Gofalu bod iddyn nhw awch, fel y dywedwn ni yn yr ardal hon.

Roedd y 60 erw'n ddigon i gynnal y ddau ohonon ni. Heddiw fe fyddai angen dau neu dri chant o wartheg cyn cael dau ben llinyn ynghyd. Ond rhwng y ffermio a'r bridio ieir roedden ni'n dod i ben yn gysurus gyda pheth arian yn sbâr. Yn wir, roedden ni'n weddol gysurus ein byd. Cofiwch, doedd hynny ddim yn wir am rai o'n cymdogion.

Er i fi gael fy nghodi ar fferm, ro'n i tua phedair ar bymtheg cyn i fi ddechrau gyrru car. Mae meibion fferm fel arfer yn dysgu gyrru pan ddôn nhw allan o'u crud. Mae ganddyn nhw ddigonedd o le i ymarfer. Ond fe wnes i bwyllo. Y modur cynta gefais i oedd fan *Morris 1000*. Fe fuodd nifer o'r rheiny gen i dros y blynyddoedd. Roedd e'n gerbyd perffaith ar gyfer cario ieir. Mor wahanol oedd hi yn nyddiau Nhad wrth iddo fe gludo ei

Criw ohonom wrth y gwair yn Nrefach ddiwedd y pedwardegau

adar i wahanol sioeau. Fe fyddai'n mynd â'r adar, er enghraifft, i Sioe Tregaron mewn cart a cheffyl bymtheg milltir un ffordd.

Fe fues i'n llwyddiannus y tro cyntaf yn pasio prawf gyrru car. Ond fe fethais y tro cyntaf pan ges i brawf gyrru tractor. Ro'n i'n rhy dueddol o yrru'n rhy agos i'r clawdd. Fe newidiodd y tractor ein ffordd ni o ffermio yn llwyr. Ffyrgi Bach oedd e, ac fe brynwyd e oddi wrth gwmni *Auto Service* yn Llanbed, lle buodd y *Co-op* wedyn. Roedd hyn ychydig wedi diwedd y rhyfel. Fe dalais i £375 am un newydd fflam. Fe wnes i ei brynu ar adeg dda. Ymhen pythefnos fe gododd y pris i £400.

Wnaeth Nhad ddim gyrru tractor erioed. Fel eraill o'i genhedlaeth ef doedd ganddo fe fawr o ffydd mewn moderniaeth. Dyn ceffylau fuodd e tan ei farwolaeth yn 1978. Fe fues i'n dilyn ceffylau hefyd, rhyw lyfni a phethe felly. Ond wnes i ddim erioed aredig â cheffylau. Roedd honno'n gofyn am gryn grefft. Wrth lyfni,

Llun nodweddiadol o glos Drefach, yn llawn adar fel yn nyddiau Nhad

rwy'n cofio i fi unwaith foelyd yr oged. Ond fe hwylusodd y tractor bethe. A thractor da oedd y Ffyrgi Bach.

Fe fuodd gwas gyda Nhad a gyda finne hefyd am gyfnod. Yn wir, fe fyddai Nhad yn cyflogi gwas a morwyn. Ond fe wnes i roi'r gorau i hynny'n fuan. Ac fe lwyddais i ddod i ben heb fawr o drafferth. Wrth gwrs, roedd dyfodiad y tractor wedi ysgafnhau pethe erbyn hynny. Ond wrth edrych yn ôl ar y dyddiau llwm pan oedd Nhad yn ffermio, alla'i ddim dirnad sut fedre fe fforddio cadw gwas a morwyn a llwyddo i'n cynnal ni'n dau. Ond fe wnaeth, a hynny heb rwgnach.

Ddim yr un yw ffermio heddiw â ddoe. Fe ddigwyddodd y newidiadau mwyaf yn hanes ffermio yn ystod fy oes a'm cenhedlaeth i. Mewn sawl ffordd fe fu'r newidiadau er gwell. Ond ar yr ochr arall fe aeth pethe eraill ar eu gwaeth. Y newid mawr fu'r bywyd cymdeithasol. Bron na fedrech chi ddweud nad yw cymdeithas yn bod bellach. Pan ddywedodd Margaret Thatcher hynny ddiwedd yr wythdegau fe fu beirniadu mawr arni. Ond datgan ffaith oedd hi. Dyw cymdeithas dyddiau fy mhlentyndod ddim yn bod. Y wladwriaeth yw popeth heddiw.

3
Chwalu'r nyth

Er i fi fwynhau bywyd llawn a hapus, er gwaeth mae pethe wedi mynd wrth i'r blynyddoedd dreiglo heibio. Mae Llanwnnen, yn allanol, i'w weld yn llewyrchus. Mae e wedi tyfu'n sylweddol ers pan o'n i'n blentyn. Ond roedd yna lawer mwy o fywyd yno yn y tri a'r pedwardegau. Roedd yna dri theiliwr – tad a dau fab – yn byw yn ein hymyl ni, er na fedrai eu cofio. Caent eu hadnabod fel Teilwriaid Penbont. Nhw fydde'n gwneud y cotie coch i Helfa Neuadd-fawr, sef y plas oedd yn yr ardal. Pan fu farw Mrs Hughes, Neuadd Fawr fe werthwyd y stad ychydig flynyddoedd wedyn ac fe symudodd y teilwriaid i Lundain i werthu llaeth.

Y plas oedd yn berchen ar y ffermydd i gyd fyny at Gors-goch, yn cynnwys tyddyn Drefach. Rwy'n cofio Nhad yn talu rhent o £35 fel hanner tâl blwyddyn. Pan fydde fe, a'i fam o'i flaen yn mynd fyny i dalu'r rhent i Neuadd-fawr fe fydde pryd mawr o ginio'n eu disgwyl nhw. Pan werthwyd y stad yn ddarnau yn 1931 wedi marwolaeth Mrs Hughes fe brynodd nhad Drefach am £2,000. Roedd y stad bryd hynny yn 1,690 erw ond fe fuodd tua 2,000 o erwau unwaith.

Roedd Mrs Hughes, yn landledi dda, a Nhad yn meddwl y byd ohoni. Bob tro y bydde mab neu ferch un o'r tenantiaid yn priodi, fe fydde hi'n mynd draw ar ei cheffyl ac yn cario yn ei basged set o lestri te yn rhodd. Mae'r set gafodd Nhad a Mam ar gyfer eu priodas nhw yma gen i o hyd.

Mae llawer yn rhedeg lawr ar yr hen fyddigions. Hwyrach fod yna ambell un gwael. Ond roedd Mrs Hughes y siort orau. Gwyddeles oedd hi o ran tras. Roedd hi'n cyflogi crugyn o ddynion a menywod lleol ar y fferm ac ar y stad yn gyffredinol. Fe fydde asiant y stad yn mynd o gwmpas y tenantiaid yn flynyddol. Ac os gwelai e fod angen trwsio adeilad, ail-doi'r sgubor neu'r beudy, er enghraifft, fe gâi'r gwaith ei wneud, a hynny am ddim. Fe fyddai ffermydd y stad bob amser mewn cyflwr da.

Rwy'n dueddol o ddangos fy lliwiau gwleidyddol yn blaen iawn. Rwy wedi bod yn Rhyddfrydwr erioed. Yn nyddiau Nhad dim ond Torïaid a Rhyddfrydwyr oedd yn bodoli. Fel arfer, Torïaid fyddai perchnogion yr hen stadau mawrion. Ac fe fydde disgwyl i'r tenantiaid oll ddilyn y Lord. Ond yn yr ardal hon roedd yr hen Mrs. Hughes, Neuadd-fawr yn llawer mwy rhyddfrydol.

Oedd, roedd disgwyl i'r tenantiaid bleidleisio'r un ffordd â'r landlord, neu'r landledi yn yr achos hwn. Ac fe wnâi Nhad hynny. Ond i Nhad roedd e'n fwy na thraddodiad. Rhyddfrydwr pybyr oedd e. Roedd Lloyd George yn dduw. Roedd llun mawr ohono fe'n hongian mewn ffrâm drwchus ar wal y parlwr. Oedd, roedd Lloyd George yn arwr mawr.

Roedd Mrs Hughes yn eithriad i'r perchnogion tir arferol o ran arferion hefyd. Roedd ei gŵr o'i blaen hi yn ddyn teg ac amlwg iawn. Roedd Thomas Hugh Rice Hughes wedi bod yn Faer Llanbed yn 1891–92 ac yn Uchel Siryдd Sir Aberteifi yn 1887. Fe fu e'n Ynad Heddwch ac yn Ddirprwy Arglwydd Raglaw'r sir. Fe fu farw'n sydyn ar ddiwrnod marchnad yn 1902 yn y Royal Oak, Llanbed ag yntau yn ddim ond hanner cant oed. Fe'i claddwyd ef ac, yn ddiweddarach, Mrs Hughes hefyd ar dir y plas.

Yn 'Cerddi Cerngoch' ceir cerdd iddo, 'Cerdd o Glod i T. H. R. Hughes am Gadw Bytheiaid'. Helfa Neuadd-fawr hefyd yw testun cân arall gan Cerngoch, un a ystyrir y gân hela orau yn yr iaith Gymraeg. Mae iddi deitl hir, 'Disgrifiad o Helwriaeth a Gorchestwaith Bytheiaid T. H. R. Hughes, Neuadd-fawr, Ceredigion ar yr 21ain o Chwefror 1881'.

Yn y gerdd deyrnged ceir y pennill hwn:

'Mae rhai â'i gwên a'u hamnaid
I feibion ffawd ac ach,
Mae llwch yn llenwi'u llygaid
Yng ngwyddfod pobol fach;

Ein Hughes sydd fel yr heulwen,
Pawb ddaw i'r maes gaiff wên,
Does got ry lwyd ar gefen,
Na chel yr un rhy hen.'

Wedi ei farwolaeth cymerodd ei weddw at yr awenau. A phan ddaeth yr helfa yn rhan o'i chyfrifoldeb hi, dangosodd fod ganddi safonau pendant o ran hela. Doedd hi ddim yn cyd-fynd â hel llwynog mewn unrhyw ffordd ar wahân i'w hela â chŵn. Iddi hi, o ran lladd llwynog y tu allan i'r helfa, fe fyddai'n well ganddi weld rhywun yn dod i'r beudy a lladd un o'i gwartheg gorau. Creadur i'w hela oedd llwynog, a dim ond yr helfa fyddai â'r hawl i'w hel a'i ladd cyn belled ag yr oedd hi yn y cwestiwn. Hi, gyda llaw, fu Llywydd Sioe Dofednod a Chŵn Llanwnnen hyd ei marwolaeth.

Rwy wedi cadw'n driw i'r Rhyddfrydwyr erioed. Pan gefais i bleidlais gyntaf ar ôl yr Ail Ryfel Byd yn 1945 fe wnes i bleidleisio i Roderic Bowen. Ac rwy wedi pleidleisio i'r Rhyddfrydwyr byth wedyn. Fe fu Roderic yn Aelod y sir am ymron ugain mlynedd.

Yn Geraint Howells yn 1972 fe gafwyd yr Aelod Seneddol perffaith i rywun fel fi. Dyn y cefn gwlad oedd Geraint. Fe'i gwelech ym mhob sioe amaethyddol yn y sir a thu hwnt. Roedd e'n un o ddynion y bobol. Petai e'n galw yn Sioe Talybont, er enghraifft ac yn ymweld â'r gystadleuaeth gneifio yno, yn fuan fe fyddai wedi tynnu ei got, gwisgo ofyrôls a gafael mewn gwellaif. Mae'r Aelod presennol, Mark Williams yn yr un traddodiad. Cofiwch, mae pethe wedi mynd yn denau arnon ni fel plaid yn ystod y blynyddoedd diwethaf hyn. Ond wna'i ddim newid fy nghot.

Mae pethe wedi newid yn fawr ym mhob ffordd. Dyw Llanwnnen a Llanbed, mwy nag unrhyw fannau eraill, ddim y llefydd oedden nhw. Ar wahân i'r teilwriaid y soniais i amdanyn nhw rwy'n cofio gofaint yma. Dau saer wedyn a dau baentiwr. Roedd y fath beth yn bod â chyfnewid llafur bryd hynny. Dwedwch eich bod chi'n rhoi gwaith i saer; fe fydde hwnnw'n dod nôl wedyn i helpu gyda'r gwair neu'r llafur yn lle tâl ariannol. Fe fyddai gweision ffermydd wedyn yn cyfnewid eu llafur heb fod unrhyw arian yn newid dwylo. Roedd y cyfan yn rhan o gymdogaeth dda sydd wedi hen ddiflannu erbyn hyn.

Doedd dim angen gadael y fro i gael gwasanaeth o unrhyw fath. Roedd cryddion yma yn nyddiau cynnar Nhad, deg ohonyn nhw ar un adeg. Roedd fy nhad-cu, William Felin-ban yn un ohonyn nhw. Dim ond un fedra i gofio yno. Roedd pethe'n dechrau edwino hyd yn oed bryd hynny. Roedd ganddo fe weithdy ar y sgwâr gyferbyn â'r siop. Fe fydde stôf ar ganol y llawr i gadw'r lle'n gynnes. Pan oedd y busnes ar ei anterth roedd peiriannau ar gyfer y gwaith lan llofft. Fe fydde pobl yr ardal yn crynhoi yno i gymdeithasu. Rwy'n cofio'r crydd olaf yn iawn. Yn lle last, roedd e'n defnyddio carreg ar gyfer tapo sgidiau, y garreg yn ei gol.

Cryddion Llanwnnen ar un adeg fyddai'n gwneud sgidiau i heddlu'r sir. Roedd y topiau'n dod wedi eu gwneud yn barod ond y cryddion fyddai'n gwneud y gwadnau. Roedd Nhad yn cofio sgidiau'n cael eu gwerthu yno am ddeuddeg swllt y pâr. Yn fy amser i, dim ond trwsio sgidiau fydden nhw.

Erbyn hyn mae'r siop hefyd wedi cau ers pedair blynedd bellach. Ac mae'r ardal gyfan wedi gweld eisiau'r hen siop. Mae'r lle fel petai e wedi marw ar ei draed er bod yma lawer mwy o dai nag oedd bedwar ugain mlynedd yn ôl. Fe fedra'i gofio'r lle yma pan mai dim ond deg o dai oedd yma. A phawb oedd yn byw ynddyn nhw'n Gymry Cymraeg. Bellach mae yma dros hanner cant o dai, siŵr o fod. Ond dyw tai ddim yn creu cymdeithas. Pobol sy'n gwneud cymdeithas. Ond yn aml heddiw dyw pobol ddim yn adnabod eu cymdogion drws nesa.

Yr un teulu fu yn y siop ers cyn cof. Yn nyddiau Nhad, Titus Williams oedd yn rhedeg y lle. Roedd Titus yn dangos ffowls ar yr un adeg â Nhad. Fe fydde sioe ffowls ym mhob pentre bryd hynny. Fe fydde sioeau yn Llanwnnen, Llanwenog, Capel Dewi, Alltyblaca. Llanybydder a dwy yn Llanbed. Rwy'n cofio gwraig Titus, Meri Jên yn rhedeg y siop. Fe wnaeth y ddau fabwysiadu merch, Olwen. Mae yna stori dda am Titus, yn dilyn Sioe Alltyblaca yn mynd i ddathlu yn y dafarn yno. Wrth iddo fe gerdded yn simsan nôl i'r tŷ ar hyd llwybr yr ardd gefn dyma'r sŵn clindarddach rhyfedda. Roedd

Meri Jên wedi blino disgwyl amdano fe ac wedi gosod bwcedi ar draws y llwybr. Do, fe giciodd Titus y bwced, neu'n hytrach y bwcedi!

Roedd dwy dafarn yn Llanwnnen ar un adeg. Mae'r Siop Inn oedd ar ffordd Capel y Groes wedi hen gau. Mae'r llall, Y Grannell yn dal i fynd ac yn brysur iawn. Hyd yn gymharol ddiweddar, enw'r lle oedd y Red Lion. Fe alla'i ddeall pam newidiwyd yr enw. Mae yna dafarnau o'r enw Red Lion i'w cael ledled y wlad. Mae'r enw Grannell, ar y llaw arall, yn enw unigryw ac yn enw Cymraeg, wrth gwrs. Ac mae e'n lle prysur. Maen nhw'n gwneud bwyd yno ac mae hynny'n denu pobol. Ond mae arferion wedi newid. Pan o'n i'n grwt fe fyddai yna was neu ddau ym mhob fferm. Roedd gweision a morynion yn y Moelfre, Ffynnon-foel, Abergrannell, Neuadd, Castell Du a Thŷ'n Llyn. Wedi gorffen gwaith a bwyta swper, rhyw sefyllian ar y sgwâr yn siarad fydden nhw, yn ddwsin neu fwy nes bod hi ymlân tuag unarddeg o'r gloch neu'n hwyrach. Ond doedd nemor un ohonyn nhw'n mynd i'r dafarn. Rhaid cofio fod cyflogau gweision yn fach bryd hynny – pedair punt ar ddeg neu bymtheg punt y flwyddyn. Fedren nhw ddim fforddio mynd i yfed. Ddim ond yn fy nghyfnod i wnaeth pobl ifainc ddechrau mynd i'r dafarn leol, pan oedd mwy o arian yn eu pocedi a hwythau yn ddigon ewn i yfed yn agored.

Roedd y capeli'n gryf ym mlynyddoedd fy ieuenctid. Roedden ni yng nghanol ardal yr Undodwyr, sef y Smotyn Du. Wn i ddim beth yw tarddiad yr enw Smotyn Du. Mwy na thebyg mai enw gwawdlyd a roddwyd i'r ardal gan addolwyr enwadau eraill oedd e. Mae yna sôn ein bod ni, yn yr hen ddyddiau, yn cael ein hystyried yn hereticiaid. Ac Undodiaid oedd ein teulu ni, fel trwch pobol y fro, ers cenedlaethau ac yn aelodau yng Nghapel Alltyblaca. Fe fu hynafiaid Nhad yn cario cerrig a choed mewn certi ar gyfer codi'r capel. Fues i ddim erioed yn rhyw gapelwr mawr. Petai Mam wedi cael byw, mae'n bosibl y byddwn i wedi dechre mynd gyda hi. Ond chwilio am esgusodion ydw i nawr. Rwy wedi bod yn meddwl ar hyd y blynyddoedd sut fyddwn i wedi troi mâs petai Mam wedi cael byw. Roedd yr elfen gerddorol yn gryf ymhlith teulu Beili-bedw. Yn wir, mae'r traddodiad yn dal yn gryf o hyd. Fe fydde Nhad yn dweud yn aml,

'Petai dy fam wedi byw, y peth cynta fydde ti wedi gorfod ei wneud fydde dysgu'r ffordd i whare'r piano.'

Er na fyddwn i'n mynychu'r capel, fe fyddwn i'n cyfrannu'n ariannol at yr achos bob blwyddyn. Rwy'n cofio mai Bowen oedd enw'r pregethwr, Samuel Evan Benjamin Bowen ac fe fydde fe'n galw'n flynyddol i gasglu'r tâl aelodaeth. Ac fe fydde Nhad, yn ddieithriad, yn rhoi llond cwdyn o dato iddo fe fynd adre gydag e. Ond fe fydde Nhad yn eistedd ar ben y cwdyn am sbel a chadw Bowen i siarad. A hwnnw'n ysu am fynd er mwyn dal peint yn nhafarn Alltyblaca cyn cau. Ond whare teg i Bowen, roedd e'n ddyn da. Fe wnâi e ddangos ei wyneb ym mhob angladd pa enwad bynnag fydde'r ymadawedig. Ac os fydde unrhyw un yn cael trafferth i lenwi ffurflen o unrhyw fath, Bowen oedd y dyn i wneud hynny. Roedd e'n gymwynaswr bro. Ers tro bellach rwy'n aelod gyda'r Parchedig Goronwy Evans ym Mrondeifi yma yn Llanbed. Cyn mynd i'r weinidogaeth fe fydde Goronwy, pan fydde fe adre ar wyliau o'r coleg yn galw ddwywaith yr wythnos yn cyflenwi bara i gwmni Fedwen o Landysul. Bob tro wnâi e alw fe fydden ni'n dau'n cael sgwrs. Un dydd fe ddigwyddodd ofyn i fi ble oeddwn i'n aelod. Fe wnes i esbonio mai Undodwr oeddwn i ond na fyddwn i byth, siawns yn mynd i'r capel. A dyma fe'n dweud fod yna obaith iddo fe gael gofalaeth Capel Frondeifi. A dyma fe'n gofyn,

'Os gâi ofalaeth Capel Frondeifi, wyt ti'n addo y byddi di'n dod yn aelod?'

Fe addewais y gwnawn i. A thrannoeth iddo gael gwybod ei fod e'n cael Capel Frondeifi, dyma fe'n galw ac yn fy atgoffa i o'r addewid o'n i wedi ei wneud. Ac fe wnes i gadw at fy ngair ac ymaelodi yno. Ond unwaith eto, mynychwr gwael ydw i. Ond dw'i byth yn anghofio talu'r aelodaeth bob blwyddyn. Mae gen i feddwl mawr o Goronwy, a'r peth lleiaf fedren i wneud oedd cadw at fy ngair.

4

Aderyn dŵr

Gyda thyddyn Drefach yn sefyll ar lan afon Grannell, naturiol oedd i fi gymryd cryn ddiddordeb mewn pysgota, cyfreithlon ac anghyfreithlon. A dim ond dau led cae oeddwn i o'r Teifi. Nid pysgota â gwialen yn unig fyddwn i ond potsian hefyd. Pan fydde'r dŵr yn isel, fydde'r eogiaid ddim yn dod fyny i'r Grannell ond yn hytrach yn claddu yn y Teifi. Ac fe fyddwn i'n mynd yno i gwrdd â nhw. Roedd y ddwy afon yn rhai da am samwn. Dy'n nhw ddim cystal erbyn hyn. Hwyrach fy mod i wedi eu dal nhw bron i gyd!

Cofiwch, ro'n i'n aelod o Glwb Pysgota Llandysul. Ac fe fyddwn i yn ystod y tymor pysgota'n arfer mynd lawr tua chwech o'r gloch y bore gan ddal, ar gyfartaledd, tua phymtheg o eogiaid. Ond yn wahanol i bysgotwyr go iawn, doedd fy nhrwydded i ddim yn dod i ben ar ddiwedd y tymor swyddogol!

Ro'n i yn nŵr yr afon mor aml fel mai Bedyddiwr ddylwn i fod, nid Undodwr. Ond fe fues i'n lwcus neu'n gyfrwys – neu'n gymysgedd o'r ddau. Ddim ond unwaith erioed ges i fy nal yn potsian. A thrwy ddamwain ges i fy nal bryd hynny. Ar y diwrnod arbennig hwnnw ro'n i eisoes wedi dal tri eog. Ond roedd yna un arall wedi claddu. Roedd y tri a ddaliwyd yng ngofal ffrind i fi, crwt ifanc fyddai'n mynd allan gyda fi. Roedden ni'n gweithio fel pâr. Hwnnw fyddai'n edrych am eogiaid yn ystod y dydd ac yn adrodd yn ôl i fi. Fe fydden ni wedyn yn mynd allan gyda'r nos i'w dal nhw. Rwy'n cofio un noson i ni ddal tri ar ddeg o eogiaid. Dyna'r record o ran potsian, cyn belled ag oeddwn i yn y cwestiwn. Ond y tro hwn, pan gyrhaeddais i'r fan lle'r oedd y pedwerydd samwn yn claddu, yno roedd y beilis dŵr wedi dal y crwt ac yn fy nisgwyl i.

Fe daflais i'r gaff i'r pwll a chroesi'r afon. Gof Cribyn, gyda llaw, oedd yn gwneud gaffs i fi. Y gaff oedd yr arf pwysicaf, sef bachyn metel wedi ei osod ar flaen coes brwsh neu declyn tebyg. Os câi potsier ei ddal â'r gaff yn ei feddiant, byddai hynny'n dystiolaeth bwysig i'r awdurdodau. Ond wrth i fi geisio neidio dros ffens wrth ymyl y pwll, fe es i'n sownd mewn weiren bigog. Nid fy nhrowser i oedd yn sownd. O, na. Ro'n i'n sownd wrth fan llawer mwy delicet! A dyna ble'r o'n i'n hongian fel jwg ar dreser. Yn dilyn y fath brofiad, dim rhyfedd i mi fod yn ddi-blant!

Ac yno, a'r jinglings yn sownd wrth weiren bigog, fe ges fy nal. Flynyddoedd wedyn, pan ffilmiodd Dai Jones fi ar gyfer Cefn Gwlad fe wnaethon ni ail-greu'r digwyddiad. Ond fe wnes i ofalu nad awn i'n sownd yn y ffens y tro hwnnw!

Nerth traed oedd yr unig ffordd i osgoi'r beilis dŵr. A ro'n i'n un da am redeg. Dull ambell botsier o ddianc fyddai neidio i ddyfnderoedd pwll yn yr afon a nofio ar draws. Fedrwn i ddim dianc yn y fath fodd am y rheswm syml na fedrwn i nofio. Petawn i 'yn y dyfroedd mawr a'r tonnau' fyddai yno neb 'i ddal fy mhen'. Yn wir, fedra'i ddim nofio hyd heddiw. Ond wnaen nhw byth fy nal i ar draed. Ac oni bai am y ffens fydden nhw byth wedi fy nal i'r tro hwnnw chwaith.

Mae un peth yn sicr, chafodd y Brychan Brycheiniog, hwnnw oedd yn dad i 63 o blant ddim o'i ddal â'i jinglings yn sownd wrth weiren bigog! Dyna pam roedd dwsinau o blant gydag e a dim un gen i!

Dim ond un o nifer o lanciau oedd yn potsian o'n i. Yn y cyfnod hwnnw fe fyddai llanciau nad oedd yn cael eu hystyried fel rhai oedd yn cyflawni gwaith angenrheidiol yn gorfod treulio dwy flynedd a hanner yn y Lluoedd Arfog. Yn ddeunaw oed fe fu'n rhaid i finnau gofrestru ar gyfer Gwasanaeth Cenedlaethol. Ond gan fy mod i'n fab ffarm a bod fy angen ar Dada, fe ges i fy esgusodi. Rwy'n cofio Nhad yn gofyn i fi, petawn i'n gorfod mynd, pa wasanaeth yn y Lluoedd Arfog fyddwn i'n ei ddewis? Fe ddywedais mai i'r Llynges y dymunwn i fynd. A dyma Nhad yn chwerthin.

'Fydde ti fawr o werth,' medde fe. 'Fedri di ddim nofio. Fe wnâi ti foddi'r diwrnod cynta!'

Dim rhyfedd i fi ddewis y Llynges, cofiwch. Ro'n i'n gyfarwydd â bod yn y dŵr. Mae yna hanesyn am fachan o Gribyn oedd o flaen panel ar gyfer mynd i'r Llynges. Y cwestiwn cynta gafodd e oedd:

'Fedrwch chi nofio?'

A dyma fe'n ateb:

'Pam? Os ganddoch chi ddim llongau?'

Beth bynnag, fedra'i ddim nofio. Ond fe fydde bechgyn yr ardal yn dod draw i nofio yn y pwll dwfn lle byddwn i'n trochi defaid. Roedd un ohonyn nhw'n medru eistedd ar waelod y pwll ac edrych fyny arnon ni drwy'r dŵr, ei lygaid led y pen yn agored.

Er i fi gael fy nirwyo am botsian, ddysgais i ddim mo'r wers, cofiwch. Nôl i'r afon es i ar y cyfle cyntaf. Ro'n i'n ystyried yr ymryson rhyngon ni, botsieriaid a'r beilis dŵr fel gêm. Yn ffodus doedd yna ddim plismon yn y pentre. Roedd y plismon agosaf fyny yn Llanwenog ychydig filltiroedd i ffwrdd.

Ar un adeg fe fyddwn i'n dal cymaint o eogiaid fel y byddwn i, bron iawn, yn bwyta pysgodyn bob pryd. Ond roedd potsian yn ffordd o fyw'r dyddiau hynny. Nid dal er mwyn arian yn gymaint fyddwn i; roedd potsian hefyd yn hwyl, yn her. Roedd rhoi cic ym mhen ôl y gyfraith yn bluen yn het rhywun.

Beth bynnag, fe ges i a'r crwt oedd gen i ein dal o'r diwedd. A dyma ni'n ymddangos o flaen ein gwell yn Llys Ynadon Llanbed, a Gwyn Evans, Llanfair-fawr yn y gadair. Roedd Gwyn yn ddyn pwysig a pharchus iawn yn y cylch. Fe gadwyd y tri eog a'r gaff. Ond fe wnes i ofyn am y dortsh yn ôl. Fe dorrodd pawb yn y llys, yn cynnwys Gwyn mâs i chwerthin. Ond wir i chi, fe gytunodd yr ynadon. Deg punt ar hugain yr un oedd y ddirwy. Fuon ni ddim yn hir cyn gwneud iawn am y golled.

Er mai'r hwyl a'r her oedd yn bwysig, fe fydde'r arian fyddwn i'n ei ennill o'u gwerthu nhw yn dderbyniol iawn. Doedd dim problem gwerthu'r eogiaid. Fe fyddai Eddie'r Castle yn barod i brynu rhai ar y slei unrhyw amser. Os fyddwn i'n dal iâr samwn oedd yn dorrog fe fyddwn i'n gwasgu'r wyau allan a'u defnyddio nhw i wneud past. Roedd taflu ychydig o hwnnw i bwll yn sicr o ddenu mwy o samwn, neu unrhyw fath o bysgodyn. Ac fe fyddwn i'n gwerthu'r past hefyd am tua phymtheg swllt y pwys i bysgotwyr a photsieriaid eraill. Roedd hynny'n anghyfreithlon, wrth gwrs.

Ond fe fyddai fy mhocedi i'n llawn ym misoedd Ionawr a Chwefror. Yn wir, bron na fyddwn i'n ennill mwy o samona nad oeddwn i o ffermio.

Roedd Nhad hefyd yn dipyn o foi am samon. Nhad ddysgodd bopeth i fi am botsian. Fe ges i ysgol dda. Yn ystod y dydd fe fyddai'n crwydro'r afon yn nodi claddfeydd yr eogiaid a mynd allan i'w dal gyda'r nos. Fe ddechreuais i fynd allan gydag e pan nad o'n i ond tua naw oed. Fyddai Nhad ddim yn defnyddio tortsh i oleuo'r afon. Ffagl fyddai gydag e, sef coes brwsh neu raw gyda sach wedi'i chlymu ar un pen. Fe fydde fe wedyn yn trochi'r sach mewn paraffîn a'i thanio â matsien. Fi wedyn fyddai'n dal y ffagl. Rwy'n meddwl heddiw mai dyna sut wnes i golli fy ngwallt! Fe fyddai Nhad yn rhydd i ddefnyddio dwy law i ddefnyddio'r gaff ar gyfer trywanu'r pysgodyn a'i daflu fyny i'r lan. Ond o ddal y ffagl mewn un llaw, fe ddysgais i ddefnyddio'r gaff ag un llaw yn unig.

Nid eogiaid yn unig fyddwn i'n potsian. Fe fyddwn i hefyd yn dal sewin neu drowtyn naill ai drwy bysgota â mwydyn ar lein a gwialen gollen neu oglais pysgod. O'r pysgod afon, trowtyn oedd y ffefryn. Ond fy hoff bysgodyn oedd macrell.

Yn aml, pan o'n i'n grwt, a rhywun dieithr yn dod at y drws fe fydde Nhad yn gweiddi arna'i i fynd mas â'r ffreipan o'r golwg i'r llaethdy. Fe fydde pysgodyn ar y bwrdd byth a hefyd. Ond faint gwell fyddwn i o guddio'r efidens? Fe fydde gwynt pysgodyn yn ffrïo yn llenwi'r lle. Fe fues i'n bwyta llawer o bysgod dros y blynyddoedd. Ond fydda'i ddim yn bwyta pysgod o gwbl nawr. Effaith bwyta cymaint o bysgod wedi'u potsian, mae'n debyg. Fe ges lond bol ar bysgod yn llythrennol.

Fe fyddai dal gwningod yn broffidiol hefyd, trapio a maglo. Ac ar un adeg fe fyddwn i'n mynd allan â milgi a chario lamp. Hynny yw, lampo. Fe fyddwn i'n dallu'r gwningen â golau'r lamp ac yn gollwng y milgi'n rhydd i'w dal. Pan o'n i yn yr ysgol fe fyddwn i'n gosod trapiau a maglau ar lwybrau'r cwningod. Fe fyddwn i wedyn yn mynd o'u cwmpas i weld faint fyddwn i wedi'u dal. Yn aml fe fyddai yno gymaint â dwsin. Bant â fi wedyn ar y bws wyth o'r gloch i Lanbed i'w gwerthu nhw. Roedd gen i dri chwsmer rheolaidd, un

Portread ohona i a'r pencampwr Brahma *gan Michael Kelly – un o ddau lun a wnaeth ohonof a'r ceiliog hwn*

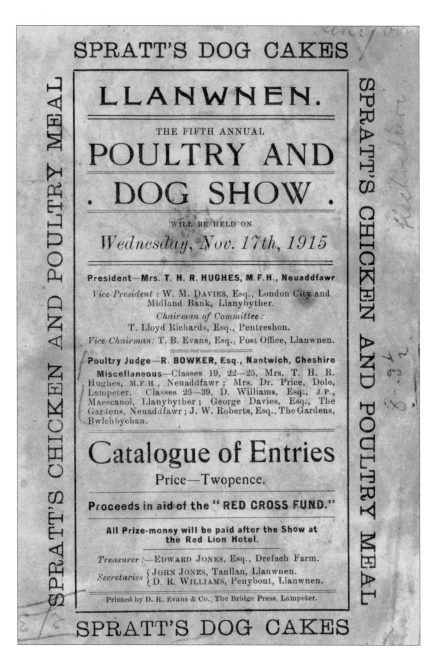

SPRATT'S DOG CAKES

LLANWNEN.

THE FIFTH ANNUAL

POULTRY AND
. DOG SHOW .

WILL BE HELD ON

Wednesday, Nov. 17th, 1915

President—Mrs. T. H. R. HUGHES, M.F.H., Neuaddfawr

Vice-President : W. M. DAVIES, Esq., London City and Midland Bank, Llanybyther.

Chairman of Committee :
T. Lloyd Richards, Esq., Pentreshon.

Vice-Chairman: T. B. Evans, Esq., Post Office, Llanwnen.

Poultry Judge—R. BOWKER, Esq., Nantwich, Cheshire

Miscellaneous—Classes 19, 22—25, Mrs. T. H. R. Hughes, M.F.H., Neuaddfawr ; Mrs. Dr. Price, Dole, Lampeter. Classes 26—39, D. Williams, Esq., J.P., Maescanol, Llanybyther ; George Davies, Esq., The Gardens, Neuaddfawr ; J. W. Roberts, Esq., The Gardens, Bwlchbychan.

Catalogue of Entries

Price—Twopence.

Proceeds in aid of the " RED CROSS FUND."

All Prize-money will be paid after the Show at the Red Lion Hotel.

Treasurer :—EDWARD JONES, Esq., Drefach Farm.

Secretaries { JOHN JONES, Tanllan, Llanwnen.
{ D. R. WILLIAMS, Penybont, Llanwnen.

Printed by D. R. Evans & Co., The Bridge Press, Lampeter.

SPRATT'S DOG CAKES

Left margin: SPRATT'S CHICKEN AND POULTRY MEAL

Right margin: SPRATT'S CHICKEN AND POULTRY MEAL

Hen raglen Sioe Dofednod a Chŵn Llanwnnen yn 1915

Enillwyr yr adran ddofednod yn Sioe Frenhinol Cymru 1998

Gyda Pekin buddugol yn Llanelwedd pan oeddwn i lawer yn iau

Gydag un o'r Bantams Orpington *a ddaeth â llwyddiant i fi*

Y Pencampwr Brahma yn Sioe Sir Benfro

Un o'm Austrolops *buddugol yn Sioe Dyfed*

*Derbyn Cymrodoriaeth Cymdeithas Amaethyddol Frenhinol Cymru
yn 2008*

37

Gyda Bantam Orpington *llwyddiannus arall yn Llanelwedd*

Portread ohona i a'r pencampwr Brahma *gan Michael Kelly, llun sydd bellach yn hongian mewn plasty yn Cape Cod, America. Enillodd wobr gyntaf ym Mhrifwyl Llanbed 1984 ac fe'i gwerthwyd am £2,000.*

Helena a finne'n arddangos llond côl o dlysau yn Llanelwedd

Bwydo un o'r Brahmas *yn Nrefach*

Priodi ar Ddiwrnod Annibyniaeth America, 4 Gorffennaf, 1997 – a cholli fy annibyniaeth fy hun!

Ddydd y briodas Helena a finne gyda'i rhieni, Mai a John

Agoriad y Pafiliwn Dofednod yn Sioe Llanelwedd yn 2003

Wedi fy ngwisgo'n addas ar gyfer dathlu'r canfed Sioe Fawr yn 2004

41

*Bwydo, a'r ffowls yn
gwerthfawrogi*

*Orpingtons yw'r
rhain sy'n bwyta
bron iawn o fy llaw*

Ar glos Drefach gyda'r da pluog

42

Rhai o'r adar sioe yn ddiogel yn eu caetsys

Cael fy llongyfarch ar ennill gyda'r Aderyn Mawr Plu Meddal yn Llanelwedd yn 1999

Helena a finne wrth i fi dderbyn yr anrhydedd o fod yn Gyfarwyddwr Oes y Gymdeithas
Amaethyddol Frenhinol oddi wrth y Prif Weithredwr,
David Walters yn Sioe Fawr Llanelwedd yn 1998

Gyda Sulwyn Thomas a Rhodri Ogwen yn y Sioe Fawr

44

Helena a finne gyda'r cogydd teledu Dudley Newbery wedi i ni baratoi pryd ar gyfer ei raglen adeg y Nadolig 2000

Triawd hardd o adar Brahma

Aderyn Pekin *yn bencampwr Sioe Fawr Llanelwedd*

Seebright, un o'n dofednod llwyddiannus yn Sioe Fawr Llanelwedd

Derbyn yr MBE oddi wrth y Tywysog Charles yn 2008.
Gwrthodais roi'r wobr gyntaf i'w ieir unwaith!

Dangos y Dywysoges Ann o gwmpas y Sioe Fawr yn Llanelwedd yn 2008

47

Yn Sioe'r Ucheldir yn yr Alban yn 2011. Tipyn o daith o Llanwnnen.

Ymhlith y beirniaid yn Sioe'r Ucheldir yn yr Alban yn 2011

yn Nhalsarn, un yn Llanybydder ac yna teulu Lloyd o Lanbed, sy'n dal i gadw'r siop ffish a tships enwog. Roedd ganddyn nhw fusnes prynu a gwerthu cwningod bryd hynny.

Cyn y Mycsomatosis, y pla a laddodd filoedd o gwningod ychydig wedi'r rhyfel, roedden nhw'n bla. Ond y creaduriaid wnaeth roi'r problemau mwyaf i fi oedd y llwynogod. A minc hefyd. Un tro roedd gen i ddwsin o hwyaid *Runners* yn cael eu paratoi ar gyfer Sioe Llandysul. Roedden nhw wrth eu bodd yn yr afon. Pan es i lawr i'r afon i'w gweld nhw un dydd roedd minc wedi lladd unarddeg o'r dwsin. Dim ond sugno ychydig o'u gwaed nhw wnaeth e. Ond roedd hynny'n ddigon. Rhywun o ardal Gorsgoch achosodd y drafferth. Fe ddechreuodd y ffŵl hwnnw gadw minc, ac fe fu'n ddigon gwallgof i'w gollwng nhw'n rhydd heb feddwl am y canlyniadau. Ddylai neb fynd yn groes i natur. Mae yna le i greaduriaid fel minc, ond nid afon Grannell yw'r lle hwnnw. Allwch chi ddim ail-gyflwyno creadur sydd wedi marw mas ers blynyddoedd heb darfu ar falans natur.

Er fy mod i'n dal i ffermio Drefach, ychydig oriau'r bore ac ychydig oriau'r nos fyddai'n treulio yno ar gyfer bwydo'r adar, eu cloi nhw fyny gyda'r nos a'u rhyddhau nhw bob bore. Fe fyddai'n treulio gweddill yr amser yn y cartref yn Llanbed. Fydde fe ddim yn deg cadw ci ar gyfer gwarchod yr adar a'i adael e ar ei ben ei hun bob nos. Fe fu dau gi defaid gen i ar un adeg, a'r rheiny a'r ieir yn dod ymlaen yn dda gyda'i gilydd. Ond does gen i ddim ci bellach.

Ond mae'r llwynogod yn gymaint problem ag erioed. Yn wir, yn fwy o broblem diolch i ddiwygio'r Mesur Hela gan y Llywodraeth Lafur. Fyddwn i ddim yn gwarafun ambell ffowlyn i lwynog. Ond mae ei natur e'n golygu nad dewis un wnaiff e i'w bwyta ond lladd bob iâr fydd yno. Lladd er mwyn lladd fydd e. Yn 2008 fe gollais i 33 o adar sioe mewn deuddydd. Anghofia'i byth mo'r olygfa erchyll y bore hwnnw. Roedd dros ddwsin ohonyn nhw'n gorwedd ar y clos, eu pennau nhw wedi eu cnoi bant. Roedd hyn ar drothwy'r Sioe Frenhinol, a saith ohonyn nhw wedi eu dewis ar gyfer eu dangos. Mis Mai yw'r cyfnod gwaethaf. Dyna pryd mae'r cenawon yn dechre hela.

Llawenydd yw gweld yr ifanc yn cymryd diddordeb. Tomos Jones, Felindre, Cellan yn derbyn ei wobr yn Sioe Llanelwedd

Cofiwch, mae yna ladron dwycoes hefyd. Rhaid i chi fod yn ofalus mewn ambell sioe rhag pobol sy'n cipio adar o'u caetsys a mynd â nhw mâs o dan eu cotiau. Maen nhw'n dod mewn yn griw o bump neu chwech, a thra bod rhai'n creu twrw gan dynnu sylw'r stiwardiaid fe fydd un ohonyn nhw'n ceisio cipio aderyn. Fe welais i un yn cuddio ceiliog yn ei drowser unwaith!

Fe fyddai'n mwynhau bwyta ambell ffowlyn o hyd. Ond wnâi ddim bwyta cig unrhyw ffowlyn wnes i ei fagu fy hunan. A fydda'i byth yn bwyta wyau. Petawn i'n bwyta fy ieir fy hunan neu eu hwyau fe fyddwn i'n teimlo fel canibal. Mae'r un peth yn wir am ŵyn. Fe fyddwn i'n ddigon hapus mynd â nhw i'r lladd-dy ond wnawn i byth fwyta cig unrhyw ŵyn fyddwn i wedi eu magu fy hunan.

Fe fues i'n rhoi crugyn o wyau bant i bobol i'w bwyta. Ond fe wnes i ddarganfod un diwrnod fod un fenyw oedd yn cael wyau gen i am ddim yn eu gwerthu nhw ar *Ebay* i fridwyr. Fe wnes i roi stop ar hynny'n go gloi. Meddyliwch, petai'r rhai oedd yn eu prynu yn deor yr wyau, fe allwn i fod yn cystadlu – a cholli – yn erbyn disgynyddion fy adar fy hunan!

Ar gyfer gori rwy wedi bod yn dueddol o ddefnyddio ieir *Silkie* croes. Ond fe ffeindies i mai'r rhai gorau am eistedd yw'r *Brahmas*. Yr arferiad gen i fyddai cruto un ceiliog gyda phedair neu bump iâr ar gyfer bridio. Drwy'r ieir y daw'r dylanwad bridio fwyaf.

Calondid mawr yw gweld pobol ifanc yn ymwneud â magu dofednod. Yr yr hen ddyddiau doedd yna ddim dosbarthiadau ar gyfer ieuenctid. Ond fe alla'i ddweud wrthoch chi mai teimlad mawr yw i rywun ifanc ennill cerdyn am y tro cyntaf. Mae hi'n fwy gwerthfawr na chan punt, credwch chi fi. O ennill am y tro cyntaf, mae'r peth yn glynu wrthoch chi fel gelen. Mae e'n mynd i'r gwaed. Y broblem gyda'r bechgyn ifanc yw eu bod nhw gyda ni nes eu bod nhw tua'r pymtheg oed. Wedyn mae'r merched yn mynd â'u diddordeb nhw. Ond ar ôl priodi maen nhw'n dueddol o ddod nôl i'r gorlan.

5

Campau'r cyw

Roedd chwaraeon o bob math yn apelio ata'i. Ac yn dal i wneud. Un bach ydw i ond un bach chwimwth. Fe wnes i ddysgu rasio, fel y crybwyllais i, drwy redeg o flaen y beilis dŵr. Nid camp wedi ei hetifeddu yw hi yn fy achos i. Does dim hanes o gampwyr yn y teulu ni.

Ond mae yna un unigolyn, ac roedd hwnnw'n dipyn o foi. Willie Jones, y cricedwr a'r chwaraewr rygbi enwog oedd hwnnw. Yng Nghaerfyrddin y ganwyd ef, yn un o dri brawd a'r teulu'n Gymry Cymraeg pybyr. Un bach oedd e fel fi, rhyw bum troedfedd a phum modfedd. Fe fuodd e'n whare rygbi dros Gastell Nedd a Chaerloyw a chriced dros Forgannwg. Mae yna sôn mai oherwydd ei fod e'n sgorio cymaint o bwyntiau gyda chiciau adlam y newidiwyd gwerth y ciciau hynny o bedwar lawr i dri phwynt. Medrai gicio ciciau adlam o'i hanner ei hunan ac mae'n debyg iddo fe a Wilf Wooler herio'i gilydd i weld pwy oedd y ciciwr adlam gorau. Ni wnaeth y naill na'r llall ddatgelu erioed pwy wnaeth ennill.

Oni bai am anafiadau fe fydde Willie wedi chwarae rygbi dros Gymru a chriced dros Loegr. Roedd e'n aelod blaenllaw o dîm criced Morgannwg pan wnaethon nhw ennill y bencampwriaeth am y tro cyntaf yn 1948.

Fe wnaeth e gynrychioli Cymru unwaith mewn gêm rygbi yn erbyn Lloegr yn 1940, gêm a fedyddiwyd yn Gêm Ryngwladol y Groes Goch. Ond oherwydd y Rhyfel, châi hi ddim o'i hystyried yn gêm ryngwladol lawn. Fe fuodd e wedyn yn chwaraewr wrth gefn i Gymru deirgwaith. Ond chafodd e ddim erioed gap llawn.

Ar ei anterth roedd ganddo record anhygoel. Yn nhymor 1946-47 fe sgoriodd dros fil o rediadau i Forgannwg. Yr un tymor fe wnaeth e sgorio 220 o bwyntiau i Gaerloyw. Roedd e'n cael ei ystyried yn chwaraewr rygbi chwimwth, cyflym a phenderfynol ac yn cyd-chwarae â chewri fel Billy Bancroft, Maurice Turnbull a Haydn Tanner. Fe fu farw yn 1996.

Ond bocsio, yn hytrach na chriced neu rygbi oedd y dileit mawr i fi. Fe wnes i hongian bag dyrnu o do'r sgubor yn Nrefach ac fe fyddwn i'n ergydio hwnnw am awr neu ddwy ar y tro ar ddyddiau glawog. Yn dal y bag yn dynn roedd dau o bwysau 56 pownd yr un ar y llawr a rhaff o'r trawst yn dal y pen uchaf. ·

Pan ddes i'n ddigon hen fe wnes i ddechrau mynd i weld gornestau. Rwy'n cofio talu pum punt ar hugain am docyn i weld ffeit Tommy Farr yn erbyn Lloyd Marshall yn Neuadd y Farchnad, Caerfyrddin yn 1950 wedi i Tommy ail-gydio yn ei yrfa ar ddechrau'r pedwardegau. Colli ar bwyntiau nwnaeth e. Ond roedd Tommy'n arwr i fi, dyn oedd yn gwybod beth oedd bywyd caled. Fe wnaeth e gerdded yr holl ffordd i Lundain un tro i chwilio am waith. Roedd y teulu mor dlawd, fedren nhw ddim fforddio prynu llaeth. Fe fyddai ei fam yn ei anfon allan yn y bore i ddwyn llaeth o garreg drws cymdogion yng Nghwm Clydach.

Rwy'n cofio mynd i weld Brian London yn bocsio ym Mhorthcawl. Fe aeth y lle yn ferw gwyllt wedi i Dick Richardson, y Cymro o Gasnewydd ei benio. Fe aeth hi'n rhyfel yn y sgwâr gyda thad Brian London, y ddau ddyn cornel, aelodau o'r gynulleidfa a hyd yn oed y sylwebydd yn clatsio'i gilydd. Yr unig un na fu'n rhan o'r cwffio oedd Richardson ei hun. Fe eisteddodd ef yn ei gornel yn gwylio'r cyfan. Fe'i bedyddiwyd ef, gyda llaw yn 'The Maesglas Marciano' a'r reiat yn y ring fel 'The Brawl in Porthcawl'.

Fe welais i Howard Winstone wedyn pan gurodd hwnnw Don Johnson ar bwyntiau yng Nghaerfyrddin. Fe fyddai Howard yn cael wyth neu naw clatsien i mewn heb i Johnson fedru ymateb. Roedd ganddo fe sbîd dychrynllyd. O ran gallu bocsio, Howard oedd y gorau welais i erioed. Fe fu, wrth gwrs, yn bencampwr y byd yn y pwysau plu.

Ie, o ran chwaraeon, bocsio oedd yn apelio fwyaf. Fe wnes i ystyried troi at focsio'n broffesiynol pan oeddwn i'n ifanc. Pan o'n i tua deunaw oed fe wnes i ysgrifennu llythyr at Nat Sellers, dyn cornel Freddie Mills yn gofyn iddo a gawn i fynd fyny i Lundain i gwrdd ag e am sgwrs gyda'r gobaith o focsio'n broffesiynol. Roedd Mills yn gyn-focsiwr ffair ac fe ddaeth yn bencampwr y byd yn y pwysau lled drwm. Ar ôl ymddeol fe brynodd glwb nos ond yn 1965 fe gymerodd ei fywyd ei hunan wedi i rai o gangsters Llundain ei fygwth. Mae yna sôn mai'r Brodyr Kray oedd wrth wraidd y bygythiadau. Roedden nhw'n bocsio hefyd, wrth gwrs.

Sellers hefyd oedd dyn cornel Jonny Williams, Cymro o'r Bermo a ddaeth yn bencampwr pwysau trwm Prydain a'r Ymerodraeth. Fe ges i ateb hefyd. Er i fi esbonio nad o'n i wedi bocsio, ddim hyd yn oed fel amatur, fe wnaeth Sellers fy ngwahodd i fyny am wythnos.

Fe fyddwn i wedi mynd i gwrdd â Nat Sellers. Ond pan ddaeth Nhad i wybod fe roddodd stop ar hynny. Cofiwch, fy lles i a lles y tyddyn oedd uchaf ganddo fe. Roedd e'n ofni y cawn i anaf a allai effeithio ar fy ngwaith adre ar y fferm. Roedd hynny'n siom ond fe allwn i ddeall ofnau Nhad. A dyna fy ngyrfa i fel bocsiwr drosodd cyn iddi ddechrau. Pwy a ŵyr sut fyddai pethe wedi bod tawn i wedi mynd i Lundain? Fe fyddwn i wedi hoffi cael y cyfle.

Er i fi beidio â pharhau yn y gamp, fe wnes i gadw'r diddordeb. Fe fyddwn i'n darllen popeth fedrwn i am focswyr y cyfnod ac yn derbyn y *Boxing News* a *The Ring* yn rheolaidd. A phan fyddai ffeit ar y radio fe fyddai Nhad a finne'n siŵr o wrando. Yn ffair Llanybydder, fe fyddwn i'n treulio llawer o amser yn gwylio'r clatsio yn y bwth bocsio. Ron Taylor oedd yn rhedeg y bwth, bachan hyfryd iawn. Yn aml fe fydde crwt cryf o'r wlad yn herio un o focswyr Ron. Roedd amryw o'r rhain yn gyn-focswyr proffesiynol oedd wedi gweld dyddiau gwell. Am ddwy rownd fe fydde'r bocsiwr bwth yn rhoi'r argraff fod y crwt o'r wlad yn rhoi trafferthion iddo fe. Yna, yn y rownd olaf fe fydde fe'n llorio'r crwt, druan heb unrhyw drafferth.

Roedd yna fachan lleol o Lanbed yn dipyn o foi yn y bwth. Tom Jones, neu Twm Trapwr oedd hwnnw. Pwysau welter oedd e. Fe deithiodd Twm y byd yn gwylio rhai o'r prif focswyr. Fe allai fod wedi mynd ymhell ei hun fel bocsiwr.

Ro'n i'n ffit y dyddiau hynny. Pwysau welter o'n i hefyd, sef deg stôn a saith pwys. Ac fe wnes i gadw at y pwysau hynny gydol fy mywyd, bron iawn. Ddim ond ar ôl priodi y gwnes i fagu pwysau. Fe wnes i fynd fyny unwaith i bedair stôn ar ddeg a deg owns, a hynny am fod Helena gystal cogydd. Ond bellach rwy lawr i unarddeg stôn a phum owns ac rwy'n dal yn eitha ffit. A dw'i ddim wedi magu bol er gwaethaf cael fy nhemtio gan fwyd hyfryd Helena.

Fe wnes i chwarae pêl-droed am sbel dros Lanybydder, ond ddim ond am gyfnod byr. Asgellwr o'n i, fel y gallwch chi ddychmygu. Ond fe ges i stop ar hynny hefyd gan Nhad. Yr ofn y cawn i anaf drwg oedd wrth wraidd hynny hefyd. Wrth edrych yn ôl, mae'n siŵr mai fe oedd yn iawn. Petawn i'n torri nghoes, fyddwn i ddim yn medru helpu ar y fferm am sbel wedyn.

Roedd gen i ddileit hefyd mewn rhedeg. Fe fyddwn i'n seiclo i Gaerfyrddin i'r mabolgampau yno, cystadlu yno a seiclo nôl wedyn, taith o dros bymtheg milltir ar hugain ddwy ffordd. Fe fyddwn i'n cystadlu'n gyson yn sborts Aberaeron, Pontshân a Chiliau Aeron ac yn ennill weithiau. Fe fyddai sborts ymhob pentre, bron iawn, bryd hynny.

Mewn rasys cymharol fyr fyddwn i'n cystadlu, y canllath, y 220, y 440 ac weithiau'r 880. Roedd gen i gyfaill fyddai'n mynd gyda fi i bob sborts, bron sef Terry Tunn, mab i'r doctor hwnnw o Lanybydder a fu'n tendio Mam. Un tro roedd dau o redwyr Harriers Caerfyrddin wedi troi fyny, y brodyr Owens. Roedden nhw'n rhedwyr peryglus. Fe ofynnodd Terry am fenthyg fy sgidiau rhedeg i, pâr â sbeics o danyn nhw. Y cynllun oedd i fi fynd ar y blaen ac iddo fe ddilyn y ddau frawd. Tactegau, hynny yw. Ac wrth eu sodlu nhw fel Corgi dyma Terry'n sbeicio'r ddau ohonyn nhw yn eu tro. Y canlyniad oedd iddyn nhw orfod mynd allan o'r ras gyda Terry'n ennill a finne'n ddod yn ail. Ac fe siarion ni'r arian. Doeddwn i ddim yn rhy hapus o gael gwobr trwy dwyll, cofiwch. Ond fe fu'r arian yn help i dawelu'r euogrwydd.

Ond o ran diddordeb y tu allan i waith arferol y fferm, bridio a dangos dofednod fyddai'n dod yn gyntaf bob tro. Erbyn hyn mae rhai o'r adar fu gen i yn sêr. Mae yna bortread mewn olew ohona'i gyda'r pencampwr o geiliog *Brahma* yn hongian ar wal plasty yn Cape Cod yn America. Fe'i peintiwyd gan Michael Kelly ac mae'n dangos fy mhencampwr *Brahma* yn fy nghôl. Enillodd y llun y wobr gyntaf yn yr Adran Celf a Chrefft ym Mhrifwyl Llanbed yn 1984. A'n ffowls i oedd i'w gweld yn gefndir i deitlau'r gyfres ddrama *Con Passionate* ar S4C. Ffilmiwyd un o'r ceiliogod hefyd ar gyfer un o'r golygfeydd. Adeg Nadolig 2000 fe ges fy holi gan y cogydd Dudley Newbery ar S4C. Fe wnes i ymddangos droeon hefyd ar raglenni fel Cefn Gwlad, Hel Straeon a Ffermio beb sôn am ddysenni o raglenni radio.

Llond cwpwrdd o dlysau. Rhaid i Helena ddefnyddio galwyni o Brasso i'w glanhau!

Am flynyddoedd fyddwn i ddim yn cadw unrhyw drefn ar yr holl gwpanau a rhubanau a lluniau o'm gwahanol lwyddiannau mewn gwahanol sioeau. Ond wedi i fi briodi Helena, mae'r cartre yma fel oriel. Mae pob cwpwrdd yn orlawn o dlysau, pob wal yn cael eu cuddio gan luniau. Ac mae yna hanner dwsin a mwy o lyfrau lloffion sy'n cofnodi'r eiliadau tragwyddol mewn papurau newydd a chylchgronau. Yn eu plith mae yna nifer o luniau ohona'i gyda gwahanol aelodau o'r Teulu Brenhinol.

Ydw, rwy'n lwcus iawn o Helena. Hebddi hi fydde dim trefn ar y lle yma. Mae hi'n glanhau'r cannoedd ar gannoedd o gwpanau, tariannau a medalau sioeau o bob math ddwywaith y flwyddyn. Mae'n rhaid ei bod hi'n mynd drwy alwyni o *Brasso*. Mae gen i gymaint ohonyn nhw fel mai anaml iawn bellach y byddai'n mynd i'r drafferth i ddod adre â thlysau arian. Ond yr atgofion sy'n bwysig. A fedrwch chi ddim fframio'r rheiny na'u gosod nhw mewn cwpwrdd gwydr. Ond maen nhw'n saff yn y cof heb angen *Brasso* i'w cadw nhw'n loyw.

Dros y blynyddoedd fe wnes i gwrdd â nifer o wahanol enwogion, yn cynnwys aelodau o'r Teulu Brenhinol. Fe wnes i gwrdd ar wahanol adegau â'r hen fenyw, sef y Fam Frenhines, ynghyd â Margaret, Charles, Anne a William. Roedd yna fwriad i fi gael cwrdd â'r Frenhines un flwyddyn yn Sioe Llanelwedd. Ond fe es i i'r lle anghywir a'i methu hi. Mae rhai'n gofyn a ges i jin bach gan y Fam Frenhines. Fy ateb yw, naddo. Roedd hi wedi'i yfed e'i gyd! Ond fe wnes i feirniadu ffowls y Fam Frenhines fwy nag unwaith. Hi oedd yn arfer bod yn Llywydd y Clwb Dofednod Prydeinig. Fe'i sefydlwyd yn 1877 gyda'r nod o ddiogelu diddordebau holl fridiau dofednod pur a thraddodiadol. Maen nhw'n cynnwys ieir, hwyaid, gwyddau, twrcwn a bantams.

Roedd y Fam Frenhines yn cadw *Buff Orpingtons* yn arbennig. Charles wnaeth ei holynu hi fel Llywydd y Clwb Dofednod. Mae e'n cadw ieir *North Holland Blue, Marans* a *Welsummer*. Yn wir, mae e'n cynnal cyrsiau ar gadw dofednod yn ei gartref yn Highgrove. Ac fe wnes i feirniadu ei ieir e droeon hefyd. Rwy'n cofio unwaith rhoi'r ail wobr iddo fe. Fe wnes i ddweud wrtho fe yn ei wyneb mai ei fai e oedd bod ei iâr heb ennill y wobr gyntaf. Fe ddwedes i wrtho fe yn blwmp ac yn blaen am beidio â chadw'r ieir mâs ymhob tywydd. Ei ateb e oedd,

'Fair play, Pic. Unlike you I'm a novice.'

Mae e'n hen foi digon ffeind. Petawn i'n gorfod dewis ffefryn o blith y Teulu Brenhinol mae'n siŵr mai Charles fyddai hwnnw. Cofiwch, mae Anne yn fenyw strêt ac yn siarad llawer o synnwyr cyffredin. Fu fuon ni'n siarad yn hir un tro. Roedd ganddi ddiddordeb mawr yn hanes Nhad. Roedd y Mesur Hela yn fater

Yn gystadleuydd ifanc gyda Pekin *Gwyn*

llosg ar y pryd ac fe wnes i ofyn iddi wneud yn siŵr na châi hela ei
wahardd. Roedd hi'n mwynhau sgwrsio. Ac fe fyddwn i wrth fy
modd yn cwrdd â'i thad, y Diwc dros beint. Mae hwnnw'n
ymddangos i fi fel bachan y medrwn i ddod ymlaen yn dda yn ei
gwmni. Dyw hwnnw chwaith ddim yn goddef unrhyw nonsens.
Mae e'n ddyn strêt iawn.

Ond Charles yw'r mwyaf isel ohonyn nhw. Ydw, rwy wedi
beirniadu ei ffowls e droeon. Ac ail yw'r gorau gafodd e gen i e
erioed. Mae e'n hen foi digon agos atoch chi. Pan es i fyny i dderbyn
yr MBE yn 2008, ro'n i'n un o ymron gant i gael eu hanrhydeddu.
Fe dderbyniais i'r anrhydedd am fy ngwaith yn hybu ieir yng
Nghymru a'r ymdrechion dros gadw'r hen fridiau'n fyw. Roedden
ni'n cael ein galw fyny bob yn ddeg. Pan alwyd fy enw i, David
Edward Picton Jones, ymlaen â fi ar goesau fel jeli. Fe wenodd
Charles arna'i ac mi ofynnodd,

'How's the poultry, Pic?'

58

Pan wnes i gwrdd â'i fab William flynyddoedd wedyn fe wnes i adrodd y stori wrtho fe amdana'i unwaith yn rhoi ail i'w dad, a'r rheswm i fi wrthod y wobr gyntaf i un o'i ieir. Ei ateb e oedd, 'Quite right, too, Pic!'

6
Canfod cywen

Ro'n i'n nabod Helena, y ferch a ddeuai'n wraig i fi, ymhell cyn i fi freuddwydio erioed am ei phriodi. Rhyw bwten o groten fach oedd hi yn dangos ei hwyneb nawr ac yn y man dros y bar yn Nhafarn y Plough yn Llanbed. Ro'n i'n ffrindiau mawr â'i rhieni, John a Mai Ronska, oedd yn rhedeg y lle. Mae'r Plough, a oedd yng nghanol y brif stryd, wedi hen gau erbyn hyn. Canolfan cymdeithas adeiladu sydd yno bellach. Mae hynna'n golygu nad oedd angen i Helena symud ei harian o'r Plough. Mae e yn yr un man o hyd!

Yn fy siwt orau mewn priodas yn Eglwys Llanwnnen. Ymarfer defnyddiol ar gyfer fy mhriodas fy hun!

Cymraes leol o waelod y sir oedd Mai ond Pwyliad oedd John a ddiwreiddiwyd gan y rhyfel ac a arhosodd yn yr ardal wedi i'r rhyfel ddod i ben. Roedd y Pwyliaid, wrth gwrs, ar yr un ochr â ni. Pan ddaeth John i'r ardal doedd ganddo fe ddim Saesneg ar wahân i bedwar gair: 'Leave it to me.'

Fe gafodd fynd i wersyll yn Aberporth i ddysgu Saesneg. Yno

wnaeth e gwrdd â Mai, merch o Benrhiwllan a oedd yn gweithio yn y NAFFI. Roedd John yn fachan cryf yn ifanc ac yn chwarae fel cefnwr i dîm pêl-droed Tregaron. Teulu Ronska oedd un o deuluoedd hyfrytaf yr ardal ac fe fu'r Plough yn lle galw i fi flynyddoedd cyn meddwl am ffansïo Helena, heb sôn am ei phriodi.

Petai rhywun wedi dweud wrth Helena bryd hynny y bydde hi'n fy mhriodi i, wnâi hi byth gredu. Fyddwn inne ddim wedi credu chwaith. A dweud y gwir, doedd hi ddim yn rhyw hoff iawn ohona i. Fe fydde hi'n cwyno fy mod i'n fachan swnllyd, yn siarad yn uwch na neb mewn cwmni. Roedd hi yn llygad ei lle. Rwy yn fachan sy'n uchel ei gloch, yn enwedig pan wna'i fynd i hwyl. Dylanwad yr ieir, hwyrach, sydd mor hoff o glochdar.

Fe fyddwn i a ffrindiau o Lanwnnen yn galw'n hwyr yn y Plough yn aml ar ôl bod wrth y gwair neu ryw orchwyl arall ar y fferm. Roedd hi'n dueddol o fynd yn hwyrach fyth wedyn gan na fyddai John a Mai yn gaeth i'r cloc nac i'r gloch stop tap. Dw'i ddim yn cofio cloch yn canu yn y Plough erioed. A doedd bysedd y cloc ddim o unrhyw bwys. Finne'n yfed rỳm a blac a Helena'n pregethu am fod olion y ddiod ar hyd fy ngên. Un tro fe gwympais i gysgu yn y bar cefn. Pan ddihunais i, fe gerddais allan i'r cefn i'r tŷ bach. Fe deimlais fy nhraed yn wlyb. Roedd John, wrth i fi gysgu, wedi tynnu fy sgidiau bant er mwyn i fi fod yn fwy cyffyrddus.

Wnaeth e ddim croesi fy meddwl i – ac yn sicr ddim o feddwl Helena – y gwnaem ni briodi ymhen blynyddoedd. Ond yn raddol fe wnes i ddechrau ei ffansïo hi ac wedi hir ddisgwyl fe lwyddais i gael y coler am ei phen a'i harwain i'r allor. Roedd yna gryn gystadleuaeth cofiwch gan ei bod hi'n ferch bert.

I Cliff Richard mae'r diolch (neu'r bai) am y cyfan. Roedd Helena wedi mynd i'w weld e mewn cyngerdd yn Birmingham ryw nos Sadwrn. Roedd hi wedi trefnu i aros gyda ffrindiau. Fe sylweddolodd yn sydyn nad oedd bysys yn rhedeg ar y dydd Sul, felly fedrai hi ddim mynd adre ac i'r gwaith erbyn bore dydd Llun. Roedd hi'n gweithio mewn fferyllfa yn y dre. Fe ffoniodd ei mam yn y Plough ac fe gofiodd honno fy mod i mewn sioe ieir yn

Stafford. Ro'n i ar fy ffordd allan drwy ddrws y gwesty pan ganodd y ffôn. Helena oedd yno yn gofyn am lifft adre.

Fe drefnodd hi i ddod draw i Stafford ac fe wnes i logi stafell iddi yn y gwesty lle'r o'n i'n aros. Stafell sengl, cofiwch! Dim hanci panci! Dim doctors a nyrsus! Y noson honno roedd cinio mawr yn y gwesty. A sioc fawr i Helena fu cael ei hunan ar y prif fwrdd yn eistedd y nesaf ata i. Doedd hi ddim wedi dod â dillad addas ar gyfer y fath ddigwyddiad. Fe geisiodd hi ddod allan o'r picil drwy fynnu aros yn y lolfa tra roedd y cinio ymlaen. Ond na, fe fynnais ei bod hi'n dod gyda fi.

Dyna'r tro cyntaf i unrhyw un o'r cylch dangos adar fy ngweld i yng nghwmni menyw. Fe gawson nhw gryn sioc. Fe aeth Helena i banic. Chofiai hi ddim pa gyllell a fforc i'w defnyddio. Roedd hi wedi drysu'n llwyr. Cinio wedi'i drefnu'n swyddogol gan Glwb y Dofednod oedd hwn, ddim yn un o'r digwyddiadau mwyaf rhamantus i Helena â finne i fod gyda'n gilydd am y tro cyntaf. Roedd y gwesty'n llawn o bobl ieir.

Mae'n rhaid bod Helena wedi mwynhau. Ar y ffordd adre wnes i awgrymu wrthi ein bod ni'n mynd allan eto rywbryd. A dyna gychwyn pethe. Ond fe aeth tua phum mlynedd heibio wedyn cyn i ni briodi. Yn 1997 ddigwyddodd hynny, yn y swyddfa gofrestru yn Aberystwyth.

Dim ond hanner dwsin ohonon ni oedd yno. Ond roedd John a Mai wrth eu bodd. Ac roedd Helena'n awyddus iawn ein bod ni'n priodi tra roedd y ddau byw. Y rheswm mai dim ond hanner dwsin oedd yno, yn syml, oedd na wydden ni ble oedd tynnu'r lein. Petai ni'n gwahodd pawb o'n ffrindiau o'r ddwy ochr, fe fydde cannoedd yno. Ac fe geision ni gadw'r holl beth yn dawel.

Doedd neb teuluol o fy ochr i yno dim ond hen gyfaill annwyl o fyd y ffowls, Desmond Little, ffermwr o'r Gwernogle a symudodd wedyn i Arberth. Pan fu farw Des ddeng mlynedd yn ôl gadawodd waddol yn ei ewyllys ar gyfer codi neuadd arddangos ar safle Sioe Sir Benfro yn Llwynhelyg. Enwyd y lle yn Neuadd Brithdir, ar ôl enw'i fferm yn y Gwernogle. Ef oedd y gwas priodas. Doedd yna ddim morwyn briodas.

Ond roedd yna griw o'r King's Head yn Llanbed wedi clywed rhyw si am y digwyddiad. Fe ffoniodd rhywun oddi yno ar y noson cyn y briodaś ac fe atebais i a gwadu'n llwyr y byddwn i a Helena'n priodi drannoeth. Ond o hynny ymlaen fe fu'r ffôn yn canu drwy'r nos bob deng munud. Fedrwn i ddim mentro ateb. Fe fu cadw'r gyfrinach yn anodd iawn. Ar fore'r briodas roedd yna lawer un yn pasio cartref Helena ar y ffordd i ddigwyddiad yn yr ysgol uwchradd, sy'n union o flaen y tŷ. Fe welodd Helena'r hen gyfaill y Parchedig Goronwy Evans yn pasio a rhaid fu dweud wrtho fe. Fe gafodd hwnnw sioc ei fywyd. Feddyliodd e ddim erioed y gwnawn i briodi.

Bant â ni i Aberystwyth i'r swyddfa gofrestru a dod nôl i gartref Helena i gael parti dathlu. Ond fu bron i ni fethu â phriodi o gwbwl. Roedd coed wedi'u torri lawr ar hyd y lôn rhwng y ffordd fawr a Drefach. Roedd hyd yn oed un postyn teliffon wedi ei dorri lawr. Mae torri coed ar fore priodas yn dal i fod yn arferiad yng nghefn gwlad o hyd, yn enwedig ymhlith teuluoedd fferm.

Ro'n i wedi disgwyl rhyw fath o ddrygioni. Dyna pam wnes i fynd â'r Gambo Fawr, neu'r *Land Rover* fyny i Lanbed y noson cynt a'i gadael hi o'r golwg y tu ôl i dŷ Helena. Heb hynny fyddwn i byth wedi llwyddo i'w chael hi mâs i'r ffordd fawr. Fe fydde rhywun neu rywrai wedi ei blocio hi mewn. Cofiwch, doedd gen i ddim byd i gwyno yn ei gylch. Fe wnes i'r un dwli fy hunan ar noswyl priodas aml i gymydog neu ffrind.

Fe wnaethon ni briodi ar y 4ydd o Orffennaf, diwrnod dathlu Annibyniaeth America. Roedd y Sioe Frenhinol ar fin digwydd, wrth gwrs ac fe gafwyd penawdau mewn llawer o'r papurau a'r cylchgronau dofednod yn cyhoeddi fy mod i, ar Ddydd Annibyniaeth America, wedi colli fy annibyniaeth fy hunan.

Fe gawson ni fis mêl fyny yng nghyffiniau Caernarfon gyda'r Cofis a'r Gogs. Fedrwn i ddim bod bant yn hir. Roedd yr ieir yn galw a'r gwair ar lawr. Dyna'r unig flwyddyn erioed i fi fethu â chael y cynhaeaf gwair dan do yn ei bryd. A dyma feddwl: dyna gychwyn da i fywyd priodasol!

Cofiwch, fe wnes i briodi Helena jyst mewn pryd. Fe ddaeth 'na fenyw i'r fro oedd â'i llygaid arna'i. Roedd hi eisoes wedi cael tri gŵr pan ffansiodd hi fi. Roedd un wedi lladd ei hunan, un arall wedi hela'i bac a'r trydydd wedi diflannu i rywle. Fi fydde'r pedwerydd oni bai am Helena. Ond erbyn hyn mae'r fenyw wedi ffeindio pedwerydd. Dihangfa gyfyng!

Wnes i ddim meddwl y gwnâi Helena gytuno i mhriodi i, cofiwch. Bachan bach ydw i, wedi colli ngwallt ers blynyddoedd. Fe ddechreuodd y blew ddisgyn pan o'n i'n weddol ifanc, yn fy ugeiniau cynnar. Ond dyna fe, mae yna hen ddywediad, ond oes e, fod blew yn disgyn oddi ar ŵyr bonheddig. Mae'n rhaid ei grafu oddi ar foch.

Dai Gorwel, bachan gwerthu yswiriant o Aberaeron fydde'n torri fy ngwallt. Ac rwy'n ei gofio fe'n dweud un tro, a finne'n grwt ifanc, y gwnawn i golli fy ngwallt yn gloi os na wnawn i edrych ar ei ôl yn well. Wnes i ddim gwrando, a diflannu'n raddol wnaeth y gwallt.

Wnaeth colli fy ngwallt ddim fy ngofidio i erioed. Wnes i ddim byd i geisio'i arbed. Dim prynu meddyginiaeth o unrhyw fath. Fe fu yna sôn ar un adeg fod rhwbio baw ieir i groen y pen yn dda am ail-dyfu gwallt. Ond fe wnes i ofni, tawn i'n gwneud hynny y gwnâi plu dyfu yno. Felly, moel amdani. Erbyn hyn mae pen moel yn ffasiynol. Ac mae'n well edrych fel wy nag edrych fel iâr.

Dw'i ddim yn un sy'n hoff iawn o ganu pop. Ond mae gen i ddyled fawr i Cliff Richard. Fe fyddai'n meddwl weithiau, yn y cyngerdd hwnnw yn Birmingham a arweiniodd at Helena a finne i ddod at ein gilydd, tybed a wnaeth e ganu 'Bachelor Boy'? Siŵr o fod. Ac ymhen pum mlynedd fe allai fod wedi canu 'Congratulations'! Ond cofiwch hyn, y mis mêl yn y gogledd yw'r unig 'Summer Holiday' i fi ei dreulio erioed!

7

Natur y ceiliog yn y cyw

O'r dechrau fe ges i fy nghodi yng nghanol ieir. Fe fyddai pob fferm a thyddyn yn cadw ffowls, wrth gwrs, er mwyn yr wyau ac er mwyn y cig ar brydiau. Ond ieir sioe oedd ieir Nhad bob un. Fedra'i ddim cofio Drefach heb fod ieir o gwmpas y lle yn clwcian ac yn pigo yma ac acw, a cheiliogod yn canu yn y bore. A rheiny'n adar o wehelyth bob un. Roedd Nhad yn fridiwr peryglus ac yn feirniad craff.

Roedd y rhain, fel unrhyw ieir, yn dodwy, wrth gwrs, a'u hwyau nhw'n fwy blasus nag wyau ieir cyffredin, yn ôl llawer. Ac o gadw ieir sy'n cael crwydro'n rhydd, bydd eu melynwy nhw'n iachach

Nhad yn ei got wen yn beirniadu yn Sioe Aberteifi. Fi (gyda'r cap) sydd yn ei ymyl, yn 19 oed.

hefyd o ran lliw. Dod yn naturiol wnaeth y diddordeb ynddyn nhw oherwydd Nhad. Ac rwy'n credu'n gryf y dylai pawb fod â diddordeb mewn rhywbeth. Mae dyn heb ddiddordeb yn ddyn heb enaid. Diddordeb mewn ieir wnaeth greu bywyd i fi. Rwy wedi gwneud ffrindiau drwy'r ieir ledled y deyrnas.

Mae'r diddordeb mewn ieir yn fy ngwaed i. Fedra'i ddim dychmygu byd heb y dofednod. Erbyn hyn rwy wedi bod yn dangos ers dros ddeg mlynedd a thrigain. A braint yn 2006 fu cael fy anrhydeddu gan Gymrodoriaeth Cymdeithas y Sioe Frenhinol Gymreig. Rwy wedi treulio cymaint o flynyddoedd ymhlith ieir fel y byddai'n synnu weithiau nad ydw i wedi magu plu a dechrau clwcian! A hyd yn oed ddodwy!

Fe wnes i ennill fy ngwobr gynta yn ddeg oed, a hynny gyda cheiliog *Pekin* gwyn yn Sioe Pontyberem. Y beirniad oedd Walter Bradley, arbenigwr amlwg iawn bryd hynny.

Dim ond pymtheg oed oeddwn i pan wnes i feirniadu am y tro cyntaf, a hynny mewn sioe yn Llanelli. Fe fyddai'n edrych nôl ar hyn weithiau a meddwl na ddylwn i fod wedi cymryd at y dasg, a finne mor ifanc. Beirniadu un dosbarth hwyrach, iawn. Ond nid yr adran dofednod yn gyfan. Roedd Nhad yn Stiward yno. Dim ond marcio'r llyfr beirniadaethau oedd ei ddyletswydd ef. Ond rwy'n siŵr fod y dasg a oedd yn fy wynebu i ar flaen ei feddwl.

Roedd yna fyny at ddeg dosbarth yno, a ches i ddim un math o drafferth gyda'r chwech neu saith dosbarth agoriadol. Ond fe ges i gryn broblem gydag un dosbarth yn arbennig. Yn wir, fe wnes i chwysu gwaed wrth geisio dod i benderfyniad. Dosbarth y *Rhode Island* oedd hwnnw, a dyma'r chwys yn dechre llifo fel afon. Ro'n i'n teimlo llygaid pawb arna'i. Yn y dosbarth o bedwar ar bymtheg, dim ond dau aderyn cyffredin oedd yno. Roedd y gweddill i gyd o safon arbennig iawn.

Sut oedd gwahaniaethu, a hwythau mor gyfartal? Ro'n i mewn cryn benbleth, felly. Dyma fi'n galw ar Nhad am gyngor. Ond fe wrthododd, er mawr siom i fi. Ac fe ddywedodd rywbeth na wnes i erioed mo'i anghofio.

'Petawn i'n dy helpu di heddiw, yn yr un cawl fydde ti'r tro nesa,' medde fe. 'Ond cofia hyn o gyngor. Hira'i gyd fyddi di wrthi'n pendroni cyn dod i benderfyniad, mwya'i gyd o annibendod wnei di hefyd.'

Roedd Nhad, yn ôl ei arfer, yn llygad ei le. Yr olwg gyntaf yw'r olwg bwysicaf. Mae'r un peth yn wir wrth ddewis menyw hefyd, fel y gwnes i ei brofi! Ac oedd, roedd Nhad yn berffaith iawn gan wireddu'r hen ddihareb sy'n mynnu mai'r hen a ŵyr, a'r ifanc a dybia.

Ffefrynnau Nhad oedd yr *Orpingtons* a'r *Wyandottes* gwynion, sef yr hen fridiau slawer dydd. Fe fydde fe hefyd yn magu hwyaid *Rouen*. Fe wnes i, ar y llaw arall droi hefyd at fridiau tramor fel y *Leghorn*, y *Minorca*, yr *Ancona* a'r *Brahma*. Ond fe

Dudley Siville, Brechfa, un o ddangoswyr mwyaf llwyddiannus cyfnod fy nhad, yn dal llun aderyn hardd coesog 'Helwriaeth Modern', sy'n dechrau dod yn ôl i ffashiwn.

anrhydeddwyd fi â'r Gymrodoriaeth am gynorthwyo i gynnal y bridiau traddodiadol gan sicrhau parhad rhai bridiau a allent fod wedi diflannu'n llwyr.

Nid diddordeb mewn ieir yn unig oedd y cymhelliad tu ôl i arferiad Nhad o gadw dofednod. Roedd yr arian a wnâi ei ennill am ei adar wrth gystadlu a gwerthu yn dod yn ddefnyddiol iawn hefyd gan mai main iawn oedd hi ar ffermwyr bach a thyddynwyr ar ddechrau'r ganrif ddiwethaf. Fe fyddai'n dweud yn aml amdano fe a'i fam-gu yn 1919 yn gwerthu buwch a llo am £14. Yn Sioe Frenhinol Lloegr yn Llundain yr un flwyddyn fe enillodd Nhad y wobr gyntaf am ei geiliog *Orpington*. Fe werthodd e hwnnw am

*Ceiliog Wyandotte Mawr Gwyn fy
nhad, pencampwr o'i grib i'w draed*

£200 i rywun o Swydd Derby. Fe gymerodd hi sbel cyn i Nhad benderfynu gwerthu'r ceiliog. Ond fe berswadiodd Mam-gu fe o'r diwedd i wneud hynny.

'Cymer y cyfle,' medde hi. 'Wedi'r cyfan, fe alle ti farw fory nesaf.'

Fe alle'r ceiliog farw hefyd. Ond roedd hwnnw'n geiliog arbennig. Roedd Nhad wedi ei fenthyca fe i ffrind o Alltyblaca oedd yn dangos *Minorcas* fel arfer. Yn wir, fel Lloyd Minorca y câi hwnnw ei adnabod. Wel, fe aeth Lloyd â'r ceiliog *Orpington* i bum sioe gan ennill pum gwobr gyntaf yn y pum sioe lle gwnaeth e gael ei ddangos. Yna fe gymerodd Nhad e nôl a'i ddangos e'i hunan.

Ond cyfnod gwael i ffermwr bach oedd y cyfnod rhwng y ddau ryfel byd. A'r ieir oedd yn cadw pen Nhad uwch y dŵr. Yn sicr doedd ffermio ddim yn talu. Roedd Nhad felly yn arallgyfeirio cyn i'r gair gael ei fathu.

Ar y trên fyddwn i a Nhad o'm mlaen i'n anfon y ffowls naill ai i'w dangos neu eu gwerthu. Hynny yw, os byddai stesion yn gyfleus ar ben y daith. Fe fyddwn i'n anfon deryn neu ddau mewn basgedi arbennig. Fe fyddwn i'n eu hanfon nhw o stesion Llanybydder, nad oedd ond tua thair milltir i ffwrdd. Ar gyfer dangos, fe fydde'r gwasanaeth trenau'n eu cludo nhw i'r stesion agosaf i'r sioe ac yna'n eu cludo nhw ymlaen i'r sioe mewn fan. Os fyddwn i'n danfon adar i Sioe Llundain, er enghraifft, fe fydde'r *Great Western Railway* yn mynd â nhw i stesion Paddington ac yna caent eu danfon ymlaen i Olympia neu ble bynnag fydde'r sioe. Fe fydden nhw hefyd yn dod nôl drwy'r un dull. Fe fyddwn i wedyn yn eu nôl nhw adre o stesion Llanybydder. Y peth cynta wnawn i fydde agor poced yn nhop y fasged lle byddai'r cardiau. Ac fe fyddwn i'n dal fy anadl wrth ganfod pa liw fydde'r cardiau, melyn, glas neu goch. Fe allai'r tâl am eu danfon amrywio yn ôl pwysau'r adar. Ar gyfartaledd fe fyddwn i'n talu pymtheg swllt i'w hanfon nhw a hanner y pris wedyn i'w cael nhw nôl. Fe fydde ceiliog ar ei ben ei hun yn medru pwyso tua deuddeg i bymtheg pwys. Ar gyfartaledd fe fydde'r tâl yn cael ei bennu yn ôl graddau o saith pwys. Ond yn aml fe fydde'r porter yn cau ei lygaid os fyddai'r pwysau ychydig yn uwch na'r arfer. Wedyn fe fyddwn i'r rhoi ychydig geiniogau fel cildwrn iddo fe.

Pan gaeodd stesion Llanybydder yn 1963 roedd gofyn i fi wedyn fynd â'r adar lawr i stesion Caerfyrddin. Ergyd galed fu cau'r lein rhwng Aberystwyth a Chaerfyrddin. Ar Beeching oedd y bai. O hynny ymlaen, os fyddwn i'n gwerthu neu'n dangos fe fyddwn i, yn dibynnu ar y pellter, yn mynd â nhw yn y fan i stesion Caerfyrddin mor aml â thua dwywaith yr wythnos gyda dau neu dri aderyn, rheiny fel arfer yn *Leghorns*.

O'r dechrau fe fu gen i ryw agosatrwydd at ieir. Cofiwch, fe fydde'r atyniad yn ddyfnach os cawn i ambell gerdyn coch. Ond o bob creadur ar y fferm, ieir fu'r dileit mawr. Eilbeth oedd yr arian fyddwn i'n ei wneud allan ohonyn nhw, ond roedd e'n help. Fe fyddwn i, cofiwch, yn medru hawlio tair neu bedair punt y dwsin am yr wyau fyddwn i'n eu gwerthu i fridwyr dilys.

Wedi i Nhad farw yn 1978 fe wnes i barhau â'r bridio a'r dangos. Roedd e wedi ffermio drwy ei oes a chadw ieir gydol yr amser. Wnaeth e ddim meddwl erioed am ail-briodi. Am ddwy flynedd olaf ei fywyd fe fu e'n ffaeledig. Fe anogodd fi droeon i roi'r gorau i ffermio a phrynu tŷ yn y pentre. Ond na, bwrw ymlaen wnes i, a hynny heb feddwl ddwywaith. Roedd y tractor wedi cyrraedd erbyn hynny. Fe wnes i aredig tir y fferm i gyd dros y blynyddoedd, torri a phlygu perthi. Cneifio a godro wedyn – popeth fyddai angen ei wneud. Mae yna rai, cofiwch sy'n dweud,

'Dyw e Pic Drefach ddim wedi gweithio erioed. Dibynnu ar ei dafod mae e.'

Ond maen nhw ymhell o'u lle. Oes, mae gen i ddigon i'w ddweud. Ond fe wnes i gadw'r hen le i fynd, a hynny ar fy mhen fy hun am y rhan fwyaf o'r amser. Ac er mai yn Llanbed rwy'n byw bellach ar ôl priodi, fe fyddai dim diwrnod yn mynd heibio heb i fi alw draw ddwywaith y dydd. Mae Helena'r wraig yn gymorth mawr bellach. Fedrwn i ddim dygymod hebddi. Ac mae hithau'n gwbl gartrefol yn eu plith nhw. Bron iawn nad yw hi'n credu ei bod hi'n gwybod gymaint â fi amdanyn nhw. Yn sicr, mae hi'n meddwl ei bod hi!

Fe wnes i barhau traddodiad Nhad o gadw ieir, hynny'n rhannol fel teyrnged iddo fe i ddechrau. Ond fe drodd dyletswydd yn ddiddordeb, yn obsesiwn, bron iawn. Ac fe ddaeth yr adar yn rhan annatod o'm mywyd i. Ar un adeg fe fyddwn i'n cadw tuag ugain o wahanol fridiau gan ddangos tua phump a deugain o adar bob blwyddyn yn y Sioe Frenhinol. Cyn mynd fe fydde angen golchi

Cael fy holi gan Vince Saville yn y Sioe Fawr yn Llanelwedd

pob aderyn, ac fe gymerai wythnos i wneud hynny. Fe fyddwn i'n golchi i fyny at ddeg aderyn bob dydd. Wedyn fe fydde angen eu cadw nhw'n lân erbyn y Sioe Fawr.

Y ffordd orau i'w golchi nhw yw mewn dŵr claear gyda diferyn o *Fairy Liquid*. Rwy'n cymryd yr un gofal ag a fyddai rhywun wrth olchi dillad gwlân. Ond fyddai ddim yn eu hongian nhw ar y lein! At y dŵr a'r hylif fe fyddai'n ychwanegu llond llwy de o stwff rwy'n ei baratoi fy hunan. Dw'i ddim yn barod i ddatgelu wrth neb beth yw hwnnw. Ond mae e'n gwneud ei waith. Wedyn rhaid golchi'r aderyn yn gyfan, fel petai e'n Fedyddiwr yn cael ei fedyddio drwy drochiad gan socian yr aderyn yn llwyr. Yna fe fyddai'n rhwbio'r *Fairy Liquid* a'r stwff cyfrin yn drwyadl i mewn i'r plu cyn trochi'r aderyn eto mewn dŵr glân er mwyn golchi'r sebon bant.

Dyw'r adar ddim yn mynd i banig o gwbwl. Maen nhw'n dod i nabod cyffyrddiad fy llaw. Ac ar ôl y golchi fe fyddai'n gosod yr adar mewn caetsys arddangos ar haen o flawd llif a'u sychu â sychwr gwallt. Maen nhw'n mwynhau'r awyr gynnes.

Dw'i ddim yn credu mewn deor wyau mewn deorydd. O dan yr iâr fyddai'n deor yr wyau bob tro. Mae'r cywion yn llawer iachach o'u deor yn naturiol. Maen nhw'n cymryd at eu mam wen ar unwaith. Mae'r fam wedyn yn ei thro yn eu meithrin nhw a'u dysgu nhw i ofalu am eu hunain.

Os nad y'ch chi'n barod i weithio'n galed ar gynnal a chadw'r adar, does dim pwrpas i chi ddechrau eu bridio a'u dangos. Yn ogystal â'u golchi, rhaid talu sylw manwl i'r traed ac i'r big.

Un o'r pleserau mwyaf yw pan fydd pobol ifanc sy'n dechrau bridio a dangos yn dod ata'i am gyngor. Fe fydd pobol byth a hefyd yn gofyn fy marn am gadw ieir. Fy nghyngor syml i rywun sy'n bwriadu dechrau yw iddynt ddewis brid sy'n hawdd ei drin i ddechrau, fel yr *Australorp*, aderyn mawr du ac un hawdd i nofis neu rywun ifanc ei drin. Ond y peth pwysicaf yw mynychu gymaint o sioeau ag sy'n bosibl a gwrando ar gynghorion bridwyr a dangoswyr profiadol. A pheidiwch fod ag ofn gofyn am gyngor. Dyna'r unig ffordd i ddysgu.

Fe fyddai'n cynghori'r rhai sy'n dechre i lynu at un brid i

ddechrau, a dysgu popeth sydd i'w ddysgu am y brid hwnnw yn drwyadl cyn troi at frîd arall. Fe fyddai'n eu rhybuddio i beidio â bwydo aderyn yn union cyn ei ddangos. Mae hynny'n tueddu i wneud i'r crombil chwyddo. Mae cynghorion fel hyn yn swnio'n ddibwys, ond y pethe bach sy'n bwysig. Fel y dywedai Eirwyn Pontshân,

'Pethe bach sy'n gwneud perffeithrwydd, ond nid peth bach yw perffeithrwydd.'

Mae'r Sioe Frenhinol yn golygu llawer i fi. Byth er i fi fynd y tro cyntaf yng Nghaerfyrddin yn 1947, chollais i ddim un wedyn. Cynhaliwyd y sioe'r flwyddyn honno ar dir Fferm yr Ystrad, cartref Tom Jones, bridiwr blaenllaw gwartheg Byrgorn. Roedd y Frenhines, neu'r Dywysoges Elizabeth fel y câi ei hadnabod bryd hynny, yn bresennol. Mae yna rai sioeau yn sefyll allan yn fwy na'i gilydd.

Yn y dyddiau cynnar yn Sioe Machynlleth yn 1954 gyda ffrindiau, Daff a John

Fe fedrai'n hawdd gofio llaid Sioe Machynlleth yn 1954 yn glynu wrth fy sgidiau, a'r llifogydd ar gaeau Plas Crug yn Sioe Aberystwyth yn 1957.

Atgof arall yw i mi, yn grwt yn Sioe Caerfyrddin, ffansïo bantam Gwlad Pwyl lliw gwyn. Fe wrthododd y perchennog ei werthu i fi. Roedd hynny'n siom fawr. Ond fe wnes i ddyfalbarhau. Braint yn 1998 fu cael fy anrhydeddu'n Llywodraethwr Oes am wasanaeth o hanner can mlynedd i'r Sioe. Fi hefyd yw Prif Stiward Adran Ffwr a Phlu'r Sioe. Rwy wedi bod yn aelod o Glwb Dofednod Gwledydd Prydain gydol fy mywyd, bron iawn. Fe sefydlwyd y Clwb yn 1877 ac mae e'n agored i'r rheiny sy'n magu ieir, hwyaid, gwyddau neu dwrcïod. A phwy wnâi feddwl, yn

2004, a'r Sioe yn dathlu'r canrif y byddwn i yno'n beirniadu yn yr Adran Adar Mawr Plu Meddal ac Adar Dŵr.

Dyw'r ddefod o baratoi ar gyfer mynd i'r Sioe Frenhinol ddim wedi newid dros y blynyddoedd. Y drefn fydd mynd fyny i Lanelwedd wythnos cyn y Sioe er mwyn gosod y caetsys. Yna, ar y dydd Sul cyn y Sioe fe fyddai'n mynd draw â'r adar, llai na deg ar hugain erbyn hyn. Fe fyddai'n mynd yn y Gambo Fawr, sef y *Discovery 4x4*. Fe fyddai'n dod gartre nos Fawrth ar ôl y cystadlu gyda'r adar ac yna'n dychwelyd eto dydd Mercher i gael amser rhydd i fwynhau gweddill y Sioe.

Yn 2009 fe es i â 28 o adar yn y Gambo Fawr i Lanelwedd a dod adre â 27 o wobrau yn cynnwys y wobr am Brif Bencampwriaeth Sioe, sef iâr bantam *Orpington* du. Fe wnes i ennill cil-wobr hefyd am aderyn arall.

Ond 'ddaw henaint ddim ei hunan'. Ac erbyn hyn rwy wedi cystadlu a beirniadu mewn mwy o sioeau na hoffwn i gofio, yn cynnwys pob un o brif sioeau'r Deyrnas Unedig. Yn ystod y cyfnod hir hwnnw rwy wedi ennill gwobr Aderyn Gorau'r Sioe yn y Sioe Frenhinol bymtheg gwaith, record nad oes neb wedi dod yn agos at ei hefelychu, heb sôn am ei thorri. Cofiwch, dyw pethe fel torri record ddim yn golygu rhyw lawer i fi. Yr hyn sy'n bwysig yn y sioeau yw cael bod ymhlith ffrindiau o'r un anian, hen ffrindiau hoff cytûn.

8

Ar ben y domen

Fe ddaeth uchafbwynt fy ngyrfa fel bridiwr a dangoswr pan wnes i ennill y Wobr Uchaf Oll, y *Supreme Championship* yn Alexandra Palace yn Llundain yn 1981. Y wobr hon yw Greal Sanctaidd byd y dofednod. Roedd gen i ugain o adar fyny yn Llundain i gyd, a'r beirniaid oedd Fred Carss, Bert Henderson, Sam Lean a Rex Woods, pedwar enw mawr ym myd y ffowls. Yn wahanol i rai beirniaid steddfod, fu yna ddim anghytuno. Roedden nhw'n unfrydol eu barn.

Llun o'r cwpan mawr a enillwyd yn 1981 gyda Brahma Tywyll, allan o 7,000 o adar

Diwrnod mawr oedd hwnnw. Hwn oedd y tro cyntaf erioed i'r cwpan, sef Gwobr Isherwood ddod i Gymru ers cychwyn y sioe yn 1921. Roedd hon yn fuddugoliaeth hefyd i'r rheiny ohonon ni oedd â ffydd mewn adar wedi'u marcio. Hyd hynny roedden nhw, i raddau helaeth yn cael eu hanwybyddu.

Fe gyflwynwyd y cwpan i fi gan Marie-Louise Rackley, 'Pearly Queen' Llundain y flwyddyn honno. Roedd yna agwedd hanesyddol arall i'r fuddugoliaeth. Fe wnes i ennill ym mlwyddyn olaf y sioe i'w chynnal yn yr Alexandra Palace. Y flwyddyn wedyn fe symudodd i'r Bingley Hall yn Birmingham ar ôl cael ei chynnal naw gwaith yn yr Alexandra Palace.

Y nesaf ata'i yn Sioe Fawr 1981 oedd

Minorca a enillodd y brif wobr am y Brid
Ysgafn yn y Sioe Brydeinig.

Paratoi aderyn Sussex ar gyfer sioe.

cywen Bantam *Minorca* ddu. Ei pherchennog oedd Mr a Mrs Shaw o Dewsbury yng ngorllewin Swydd Efrog. Hon hefyd oedd Bantam orau'r sioe.

Cofiwch, pan sylweddolwn nhw mai ffermwr bach a Chymro Cymraeg syml o Sir Aberteifi oedd wedi ennill, fe aeth pobol y wasg yn ddwl. Fe allech feddwl fy mod i'n perthyn i oes yr arth a'r blaidd. Yn y *Poultry World* fe bortreadwyd fi fel rhywun oedd wedi dod lawr i Lundain o'r mynyddoedd ar hyd ffyrdd bach troellog, cul, a'r rheiny'n aml dan eira. I'r gohebydd hwn roedd byw yn Nyfed yn golygu byw hanner y ffordd fyny mynydd yn Alaska. Jawch erioed, mae Drefach ar dir gwastad ar lan afon. Does dim mynydd yn agos. Y tir uchaf yn Llanwnnen yw pridd y wadd. Mae yna lawer mwy o riwiau serth yn Llundain nag sydd yn Llanwnnen.

Fe wnes i ennill pedwar cwpan i gyd y flwyddyn honno. Fe wnes i hefyd ennill Cwpan Morrison am yr Aderyn Defnyddioldeb ac

Tynnu Minorca Du allan o'r caets ar gyfer ei dangos.

Arddangosfa, am y *Brahma* gorau a'r cwpan am yr Aderyn Gwryw Gorau.

Hwyrach nad oedd y fuddugoliaeth yn gymaint syndod â hynny. Yn Llanelwedd y flwyddyn cynt fe ddangosais i 22 o adar gan ennill pencampwriaeth y sioe gydag iâr *Pekin* wen. Fe gefais i'r wobr gyntaf hefyd am y ceiliog *Brahma*. Y flwyddyn cynt yno fe wnes i ennill gydag iâr *Australorp* yn yr adran plu meddal.

Fe fu buddugoliaeth 1982 yn hwb anferth i Glwb y *Brahma*. Yn ôl haneswyr y brid, y tro olaf i'r fath gamp gael ei chyflawni oedd 1922 pan enillodd Ceiliog Ysgafn Iarll Dewar yn Olympia. Rwy'n teimlo'n falch fy mod i wedi chwarae fy rhan yn achub brid y *Brahma*. Ugain mlynedd yn gynharach, roedd y brid bron iawn â marw allan.

Yr uchaf oeddwn i wedi ei ennill cyn hynny oedd yn Sioe Genedlaethol Lloegr yn 1978 pan enillais i'r Iâr Brid Mawr orau gyda *Minorca*. Ond ar ôl ennill y wobr fwyaf oll, rhaid fu dathlu. Fe deflais i'r cwpan i gefn yr hen fen *Morris 1000* gyda'r ffowls. Pan ddychwelais i, oriau'n ddiweddarach, roedd e'n dal yno, diolch byth. Ddim ond wedi i fi gyrraedd adre wnes i ddeall ei fod e'n werth £30,000. Cofiwch, roedd e'n bwysicach i fi dod y ceiliog buddugol yn ddiogel! Roedd hwnnw'n werth mwy nag arian na chwpan crand.

Mae'r brid o aderyn arbennig hwn yn dod yn wreiddiol o Asia, ac o India'n arbennig, ac wedi ei enwi ar ôl un o dduwiau Hindŵaidd y wlad, Brahma, a roddodd ei enw i'r afon Brahmaputra. Ond o America maen nhw'n dod gan fwyaf wedi i frid y *Shanghai* o Tsieina gael eu croesi gan y *Malay*, gyda'u crib nodweddiadol. Maen nhw'n amlwg am eu maint a'u cryfder. Oherwydd hynny fe gafodd yr aderyn ei fedyddio yn Frenin y Dofednod. Nodwedd arall o'r *Brahma* yw'r bacsau, neu'r coesau plufiog. Hefyd dy'n nhw ddim yn canu'n uchel iawn.

Yn 1852 cyflwynwyd naw aderyn i'r Frenhines Fictoria gan fridiwr o America ac fe arweiniodd hynny at eu gwneud nhw'n boblogaidd yng ngwledydd Prydain. Fe fewnforiwyd mwy i Loegr o 1853 ymlaen a'u cynnwys am y tro cyntaf yn y llyfr safonau

*Pencampwr arall, Brahma Tywyll y tro hwn, brid y bu bron iddo farw
allan*

dofednod yn 1865. Ceir y *Brahma* tywyll a'r *Brahma* golau. Mae'r
Buff Brahma wedyn yn aderyn mwy diweddar. Telir cryn sylw i
wead a graen y plu. Dylent fod yn llyfn a meddal fel yn y *Cochin*.

Ar ôl ennill y wobr uchaf posibl, fe allech feddwl y gwnawn i
fod yn fodlon ar hynny a rhoi'r ffidil yn y to. Ond na, y flwyddyn
wedyn fe gyflawnais i'r dwbwl yn Llanelwedd. Fe enillodd ceiliog
Brahma y bencampwriaeth tra daeth iâr bantam *Pekin* yn
bencampwraig wrth gefn. Y flwyddyn cynt yn Llanelwedd,
roeddwn i hefyd wedi gwneud y dwbwl, ond i'r gwrthwyneb y tro
hwnnw gyda'r *Pekin* yn bencampwraig a'r *Brahma* wrth gefn.

Ar gyfartaledd rwy wedi ennill tua 250 o gardiau coch bob
blwyddyn. Fe alla'i edrych yn ôl ar amryw o gerrig milltir pwysig
ym myd y dofednod. Yn 1993 yn Llanelwedd fe enillais i'r
bencampwriaeth gyda iâr *Black Orpington*. Y gamp fwyaf fu
llwyddo i gadw'r iâr heb golli ei phlu yn ystod y misoedd cyn y sioe.
Yn 1996 fe gipiais i'r wobr gyntaf am y bantam gyda cheiliog *Pekin*

gwyn a hefyd y triawd gorau gyda Bantams *Light Sussex*. Yn 1997 y stori a gafodd y prif sylw yn y cylchgrawn *Poultry World* oedd nid y ffaith i fi ennill gwobr yr aderyn gorau gyda cheiliog *Black Orpington* ond i fi briodi â Helena. Yn 1999 yn Llanelwedd, fi wnaeth ddangos deg y cant o'r dofednod yn y sioe, 47 ohonyn nhw allan o'r 425 o adar yn y sioe. Fe wnes i ennill y Wobr Uchaf Oll gyda cheiliog *Plymouth Rock Large Barred*. Doedd y brid ddim wedi ennill y brif wobr ers blynyddoedd a barn y beirniaid oedd mai hwn oedd y gorau o'i fath iddyn nhw'i weld ers tro byd. Y flwyddyn wedyn daeth llwyddiant eto drwy i fi ennill y bencampwriaeth gyda iâr *Black Leghorn*. Fe enillais i hefyd ennill adran y Bantam Plu Meddal gyda *Wyandotte* gwyn. Fe enillais i hefyd ddosbarth y triawdau.

Erbyn hyn mae yna lawer mwy o fridiau tramor na rhai cynhenid yn cael eu magu a'u dangos. Ychydig o'r adar brodorol sydd ar ôl bellach. Dyna'i chi'r *Orpington* Du, er enghraifft, ond mae e ymhlith y lleiafrif erbyn hyn. Un arall fuodd yn boblogaidd oedd yr *Old English Game*. Roedd Sipsiwn yn arbennig, a choliers hefyd yn cadw'r rheiny ar gyfer ymladd ceiliogod. Mae hynny yn erbyn y gyfraith, wrth gwrs, ond yn dal i ddigwydd y tu ôl i ddrysau caeedig.

Ar hyn o bryd rwy'n cadw tua chant a hanner o ddofednod yn cynrychioli tua dwsin neu fwy o wahanol fridiau. Fe fues i'n cadw hwyaid hefyd, yn arbennig *Aylesbury* a *Rouen*, fel Nhad. Fe fues i hefyd yn cadw *Runners*.

Mae dyn o dan bwysau yn beirniadu. Dyna pam, o ran dangos neu feirniadu, mai dangos sydd orau gen i. Ro'n i yn Sioe Stafford dro'n ôl a thri dwsin yn y dosbarth *Leghorns*. Ac mae yna feirniaid ar y beirniad. Heb i chi sylweddoli hynny fe fydd yna arbenigwyr yn tynnu llinyn mesur drostoch chi yn y dirgel. Un tro, wedi i fi ddewis y dwsin gorau, yn fy nhyb i, fe ddaeth rhai ohonyn nhw ata'i a'm llongyfarch i ar fy newis. Roedd hwn yn ddosbarth anodd iawn. O blith y tri dwsin, dim ond tua thair iâr fyddwn i'n eu taflu allan ar unwaith.

Adar mawr oedd y ffefrynnau fel y *Minorca*, yr *Orpington* a'r

Brahma, wrth gwrs gan i fi wneud mor dda gyda'r brid hwnnw. Ond nawr rwy wedi mynd mewn i'r Bantams. Yn un peth, mae'n haws eu trafod nhw. Ar gyfer Sioe Aberystwyth 2014, er enghraifft, roedd gen i ddeuddeg o adar. Roedd deg ohonyn nhw'n Bantams.

Fe fu adeg pan fyddwn i'n magu tua dau gant o adar bob blwyddyn ar gyfer dangos. Mae rheiny wedi mynd lawr bellach i tua deugain. Ond roedd y cyfnod mwyaf ffrwythlon yn cydredeg â chyfnod y trên, pan oedd hi'n hawdd eu hanfon nhw bant. Faint gwell ydw i heddiw o fagu a magu a gorfod wynebu costau teithio anferth? Elfen arall yw pris bwyd. Mae bwydo'r ieir heddiw yn costio i fi tua £300 y mis.

Mae Helena wedi dod yn gyfarwydd â'u bwydo nhw. Dim ond iddi waeddi arnyn nhw, maen nhw'n dod ati'n ufudd. Yn enwedig y ceiliogod! Mae hi'n gwybod sut mae paratoi'r bwyd, sef ŷd cymysg a phelenni *Layers*. Fe fydd hi'n eu bwydo nhw bob nos a bore. Mae hi'n dueddol o daflu bara iddyn nhw hefyd, ond dw'i ddim yn hoffi hynny. Mae hi'n eu sbwylo nhw. Mae bara'n tueddu i'w tewhau nhw ormod. Ond maen nhw'n dal i gael ambell i ddarn bach fel trît nawr ac yn y man.

Fe fyddai'n amhosib byw ar enillion sioeau adar. Mae'n costio 80 ceiniog neu rywbeth tebyg am bob aderyn i gystadlu. A dyw'r wobr gyntaf yn ddim ond teirpunt hyd yn oed yn y Sioe Frenhinol. Mae Sioe Sir Benfro'n talu mwy, sef pumpunt. Yr unig fywoliaeth fedr rhywun ei wneud yw trwy fridio a gwerthu.

I bobol gyffredin, iâr yw iâr a cheiliog yw ceiliog. Ond i rywun fel fi maen nhw'n llawer mwy na hynny. Mae gan bob aderyn ei gymeriad unigol arbennig. Cymerwch y *Black Orpington*. Mae e'n frid trwm. Ond mae e'n hen frid tawel. Ond ar ôl cyrraedd y pedwar neu'r pum mis oed fe fydd y ceiliogod yn ymladd â'i gilydd. Mae gen i un ceiliog Bantam da ar hyn o bryd, ond fe aiff amdanoch chi ar unwaith. Mae ganddyn nhw i gyd eu cymeriad unigol. Bryd arall fe ga'i gydio yn ei dagell heb unrhyw drafferth. Mae e'n joio. Yna, yn sydyn, fe wnaiff droi ac ymosod arna'i. Mae ganddyn nhw i gyd eu cymeriad eu hunain. Ond am y bridiau ysgafn, mae modd adnabod adar unigol, yn ieir neu geiliogod ar ôl tua deufis oed.

Mae'n cymryd tua dwbwl hynny cyn fedrwch chi adnabod y gwahanol adar yn y bridiau trwm.

Fel beirniad, rwy wedi glynu erioed at yr hen ddywediad hwnnw: 'Type makes the breed, colour the variety.'

Os gewch chi *Wyandottes* neu *Orpington*, un rownd fydd yr un da. Os *Leghorn* neu *Minorca*, un â chefn hir. Dim cynffon wiwer o gwbl.

Ac fel y dywedais i o'r blaen, mae'r cerddediad cyntaf ar hyd y lein yn holl bwysig. Mae rhywun yn dod i'w nabod nhw ar yr olwg gyntaf. Ond mae'n rhaid edrych yn fanylach wedyn gan y gall fod rhywbeth o'r golwg fel adenydd gwyn neu aden wedi'i hollti. Neu asgwrn y frest yn gam. Mae hynny'n digwydd o ganlyniad i adael i gyw glwydo'n rhy ifanc.

Ar gyfer dangos, mae hi'n bwysig dewis yr adar iawn ar yr adeg iawn ar gyfer sioe. Fe all hyn fod yn anodd. Yn ddiweddar fe wnes i ddewis dwy *Leghorn* ifanc ar gyfer Sioe Aberystwyth. Ond wedi edrych yn fanylach ar yr orau o'r ddwy roedd lwmp o dan un troed iddi. Rhywbeth bach ond rhywbeth pwysig a allai wneud y gwahaniaeth rhwng ennill neu golli.

Mae ceiliog *Ancona* gen i wedyn. A'r bore o'r blaen fe ddisgynnodd un o grymanau ei gynffon e bant. Mae'r adeg o'r flwyddyn yn bwysig. Mae adeg y Sioe Frenhinol yn Llanelwedd yn amser gwael. Dyna'r adeg o'r flwyddyn pan fyddan nhw'n colli eu plu. Mae hi'n bwysig felly i gadw stoc dda er mwyn cael digon o ddewis. Mae gen i ddau geiliog *Sussex Bantam* ar hyn o bryd, dau dda. Ond dyw'r naill na'r llall ddim mewn cyflwr da.

Yr amser gorau o'r flwyddyn yw tua mis Hydref ymlaen i fis Ionawr i adar ifainc. A dyna pryd mai sioeau fel Sioe Genedlaethol Lloegr a Sioe Swydd Stafford yn cael eu cynnal. Yn y rheiny fe gewch chi fyny at saith mil o adar ac mae pob aderyn, hen adar sydd wedi colli eu plu a rhai ifanc, yn barod yn y gaeaf.

Mae gen i amserlen ar gyfer bridio. Bydd yr wyau bantam yn deor fyny drwy fis Gorffennaf. Bydd cywion yr adar mwy o faint yn cyrraedd erbyn diwedd mis Ionawr. Fe fedra'i wedyn ddal y sioeau haf a rhai o sioeau'r hydref cynnar.

Ar fy anterth, y *Minorcas* oedd y prif frid o ran magu a gwerthu. Fan honno fu'r farchnad fwyaf ar gyfer bantams ac adar mwy o faint. Mae yna ffowls buddugol ledled Prydain wedi eu deor yn Nrefach. Ac am ryw reswm fe wnes i o'r dechrau werthu mwy i Loegr nag i Gymru.

Bydd y cywion yn aros gyda'r fam, iâr *Silkie* croesfrid fel arfer, am wyth neu naw wythnos. Rwy'n gredwr cryf yn y ffaith y gall y fam edrych ar ôl ei chywion yn well na fedr unrhyw beiriant. Mae'r cywion sy'n tyfu wedyn yn cael rhyddid i grwydro'r caeau. Rwy'n teimlo fod pori yn help mawr i wella lliw'r coesau.

Rwy'n gredwr mawr mewn caniatáu cymaint o ryddid â phosib i'r adar. Drwy'r dydd fe gawn nhw grwydro lle bynnag fynnon nhw ond fe fyddai'n eu cau nhw mewn gyda'r nos fel eu bod nhw'n saff rhag llwynogod.

Rhaid cadw llygad clos arnyn nhw, ddim yn unig er mwyn eu diogelwch ond hefyd er mwyn nodi darpar bencampwyr. Unwaith wnaiff aderyn ifanc dynnu fy sylw, fe gaiff ei osod mewn un o'r caetsys dangos. Mae'r rhain mewn un pen o'r adeiladau. Fe fyddai'n cynnwys dau neu dri aderyn ar restr fer rhag ofn y gwnaiff rhywbeth annisgwyl ddigwydd i'r ffefryn. Maen nhw fel eilyddion mewn gêm bêl-droed. Yr arfer pan oeddwn i'n cystadlu'n drwm ganol y nawdegau oedd dewis tua deugain o adar ar gyfer y tymor gyda thua deg wrth gefn. Mae hynny'n bwysig gan y gall aderyn farw'n sydyn neu ddechrau colli ei blu.

Ar fy anterth fe fyddwn i'n gwneud deuddeg i bymtheg sioe y flwyddyn. Erbyn hyn rwy lawr i chwech neu saith. Fe fyddai'n dal i feirniadu, wrth gwrs. Yn wahanol i amryw o ddigwyddiadau cystadleuol dydi bod yn feirniad mewn un sioe ddim yn eich atal chi rhag dangos mewn sioe arall. Yn 2014 fe wahoddwyd fi i feirniadu yn Sioe Blaendulais a Gorsgoch. Fe ges i wahoddiad hefyd i feirniadu yn Sioe Genedlaethol Lloegr a Swydd Stafford. Felly mae'r gwahoddiadau'n dal i ddod o sioeau mawr a rhai llai. Ac rwy'n dal i ddangos.

Cofiwch, yn yr un modd ag y mae yna gythraul canu mewn eisteddfodau, mae yna gythraul ffowls hefyd. Un cyngor da ges i gan Nhad oedd i fi, fel beirniad, anghofio fy ffrindiau.

'Fe fydd ffrindiau da yn dal yn ffrindiau i ti ar ôl i ti feirniadu, pun a ydyn nhw wedi ennill neu beidio,' medde fe. 'Paid â meddwl am blesio ffrindiau wrth feirniadu eu ffowls. Os wnei di hynny fe fydd yna annibendod.'

Na, dyw beirniadu a cheisio plesio ffrindiau ar yr un pryd ddim yn gweithio. Pan enillais i'r brif wobr yn Llundain yn 1981, ar ôl curo tua 5,000 o gystadleuwyr eraill, dim ond un Cymro ddaeth fyny ata'i i'm llongyfarch i. Meddyliwch, fe ddes i â'r cwpan i Gymru am y tro cyntaf erioed ond dim ond un Cymro wnaeth weld yn dda i'm llongyfarch i. O, oes, mae yna gythraul dofednod, credwch fi. A doedd y dyn a wnaeth fy llongyfarch ddim ymhlith fy ffrindiau gorau. Roedd Saeson, ar y llaw arall, yn mynd allan o'u ffordd i ysgwyd llaw. Mae'r hen ddywediad am broffwyd yn ei wlad ei hun yn wir.

Mae yna hefyd fodd i dwyllo, yn fwriadol ac yn anfwriadol. Mae pawb yn gwneud camgymeriad. Un tro fe wnes i dynnu rhestr fer o chwech allan o dri dwsin o adar. Ond fe wnes i osod yn bedwerydd aderyn anghywir. Fe all pethe felna ddigwydd. Ond mae torri'r rheolau yn beth gwahanol. Rwy'n cofio un cystadleuydd yn dod ata'i a rhoi ei rif i fi ymlaen llaw gan obeithio y gwnawn i ffafr ag ef. Fe wn i am un bridiwr blaenllaw sy'n arbenigo ar *White Leghorns* sydd wedi cael ei wahardd am bedair blynedd am dwyll. Fe wnaeth e gystadlu wedyn yn enw rhywun arall.

Ffordd arall yw taflu rhywbeth niweidiol mewn i gaets aderyn. Fe fydd eraill yn taenu blawd llif ychwanegol o dan aderyn er mwyn ei ddangos e'n well. Yn ôl y rheolau dim ond blawd llif y sioe sydd i'w ganiatáu.

Mae lliwio'n medru digwydd hefyd. Gwneud y du yn dduach, er enghraifft. Unwaith erioed ges i fy nhemtio. Mewn un sioe roedd gen i geiliog *Minorca* a cheiliog *Sussex*. Maen nhw i fod yn goch o gwmpas y llygaid tra bod y llabed yn wyn. Fe wnes i ddefnyddio pen ffelt i leinio'r llygaid yn well. Fe welodd y beirniad drwy hynny a thorri'r ceiliogod allan o'r gystadleuaeth. Ychydig o goluro oedd e, dim byd mwy na hynny. Ond fe ges i bregeth gan y beirniad am fy mod i, un oedd mor brofiadol, wedi ildio i demtasiwn. Chefais i byth fy nhemtio wedyn. Ar y pryd wnes i ddim meddwl fod y peth

83

yn fwy nag ychydig o golur. Ond na, doedd e ddim i fod. Fe wn i am amryw sy'n dal i ddefnyddio lliw, yn enwedig ychwanegu lliw du i aden aderyn.

Lawn mor bwysig â'r cystadlu a'r beirniadu yw'r cymdeithasu. Yn wir, mae'n bwysicach os rhywbeth. Dros y blynyddoedd rwy wedi gwneud cannoedd o ffrindiau. Pan fyddai'n mynd lawr i Sioe Frenhinol Cernyw, er enghraifft, fe fyddai'n adnabod lawn cymaint yno ag a fyddwn i yn Sioe Llanbed. Yn Llundain fe fyddwn i, am flynyddoedd, yn lletya yn y *Regent's Palace* yn Piccadilly. Yno fyddai Geraint Howells yn aros yn y cyfnod pan fuodd e'n Aelod Seneddol ac yn aelod o Dŷ'r Arglwyddi. Erbyn hyn mae'r Sioe Genedlaethol wedi symud i Telford, sy'n llawer agosach o ran teithio. Yn Stoneleigh fe gododd cost llogi'r adeilad o £15,000 i £25,000.

A chynyddu mae'r diddordeb mewn bridio dofednod. Mae Cymdeithas Dofednod Dyfed wedi gweld cynnydd mawr yn ystod yr ugain mlynedd diwethaf hyn. Sefydlwyd y Gymdeithas yn 1975 a chynhaliwyd y sioe gyntaf yn Llanybydder. Hwn oedd y tro cyntaf i sioe dofednod gael ei chynnal yn yr ardal ers deugain mlynedd. Denwyd cymaint â 350 o adar.

Mae yna newid wedi ei weld yn y math ar fridiau mae pobl yn eu hoffi, cofiwch. Mae pobl yn teimlo, hwyrach, fod y bridiau cyffredin sydd â'r pwyslais ar ddodwy yn edrych braidd yn blaen ac yn dewis cadw bridiau mwy egsotig eu lliwiau. Ta waeth, maen nhw i gyd yn dodwy.

Rhai o'r stoc ifanc, darpar bencampwyr!

Gydag enillwyr eraill yn Sioe Llanybydder yn y saithdegau

9

Pen talar

Mae'n braf cael edrych nôl dros ysgwydd nawr ac yn y man a mwynhau munudau mawr fy mywyd. Rhyw bwyso cyn y machlud ar lidiart bywyd ac edrych o gwmpas a phwyso a mesur. Cofiwch, mae yna funudau eraill y byddai'n well gen i petai nhw heb ddigwydd. Ond wnawn i ddim newid dim o gael byw fy mywyd drosodd unwaith eto. Fe wnaeth Dic Jones grynhoi'r peth yn berffaith:

Eiddo fi'r mwynhad ar derfyn dydd
Os bydd fy nghwysi weithiau'n hardd eu llun,
Ond pan na fyddo cystal graen ar waith,
Rhowch i mi'r hawl i wneud fy nghawl fy hun.

Fe fyddai'n meddwl weithiau sut fyddai bywyd wedi bod petai rhai amgylchiadau wedi profi i fod yn wahanol. Beth petai Mam wedi cael byw? Beth petawn i wedi troi at focsio proffesiynol? Beth petai Helena ddim wedi gofyn am lifft adre o Birmingham ar y noson arbennig honno? Ond dw'i ddim yn cwyno. Mae'r munudau mawr yn gorbwyso'n llwyr y munudau isel.

Ymhlith y munudau mwyaf cofiadwy mae dod â Chwpan Isherwood am y tro cyntaf i Gymru wedi'r fuddugoliaeth fawr ym Mhalas Alexandra yn 1981. Cael fy anrhydeddu â'r MBE. Yn 2005 fe ges i fy anrhydeddu drwy gael fy ngwneud yn Gydymaith Cymdeithasau Brenhinol Amaethyddol Prydain. Bod yn Brif Stiward yn y Pafiliwn Ffwr a Phlu yn Sioe Frenhinol Cymru wedyn. Fe wnes i gyfrannu'n hael at godi'r adeilad. Cael fy anrhydeddu wedyn drwy gael fy mhenodi'n Llywodraethwr am Oes gan y Sioe yn 1989. Roedd hynny'n nodi hanner can mlynedd o wasanaeth i'r

Sioe. Cam pwysig arall fu sefydlu Clwb Ieir Dyfed a chael bod yn Llywydd ar hwnnw. Diwrnod fy mhriodas wedyn, wrth gwrs. A chael dathlu fy mhen-blwydd yn bedwar ugain oed. A dyna'r fendith fwyaf, siŵr o fod sef cael byw'n iach i oedran teg.

Un bluen fawr yn fy het yw'r ffaith i fi ymroi i ail-greu diddordeb yn y *Brahma* fel brid. Roedd y brid bron iawn wedi marw allan ddeg mlynedd ar hugain yn ôl. Y fuddugoliaeth honno yn Llundain yn 1981 oedd y tro cyntaf i geiliog *Brahma* ennill y brif gystadleuaeth.

Er nad ydw i wedi cadw cyfrif manwl, mae'n rhaid fy mod i erbyn hyn wedi ennill i fyny at 5,000 o brif wobrau. Ac rwy wedi bod mor lwcus â beirniadu ymhob un o Sioeau Brenhinol Gwledydd Prydain, yr Highland, Ulster, Cernyw, Ynys Manaw – a Chymru, wrth gwrs, fwy nag unwaith – heb sôn am sioeau mawr a bach eraill. Ddylai neb ddiystyru'r sioeau llai. Nhw sy'n bwydo'r sioeau mwy, yn union fel y mae eisteddfodau bach yn bwydo'r Eisteddfod Genedlaethol. Y man mwyaf gogleddol i fi fod yn beirniadu ynddo oedd Wick yng ngogledd yr Alban. Yno fe ges i'r fraint o gyd-feirniadu â Meidrym Evans o Flaendulais. Fe es i lawr y noson cynt a theithio fyny gydag e ar y trên. Fe ddechreuon ni am saith o'r gloch y bore o Gastell Nedd a chyrraedd Wick am unarddeg o'r gloch y nos.

Fe gawson ni hwyl, gyda'r wisgi'n llifo a chwsg yn brin. Yn y sioe fore trannoeth fe dorrwyd am hanner awr wedi unarddeg, ninnau'n meddwl mai paned o de fyddai'n ein haros. Ond na, roedd yna lasied anferth o wisgi'r un yn disgwyl amdanom. Fe esmwythodd hynny'r gwaith beirniadu. Fe wnaeth Meidrym, er mai beirniadu ffowls plu caled oedd e, hyd yn oed dderbyn y ffaith y gallai hwyad ennill gwobr yr aderyn gorau yn y sioe.

Nôl yn y gwesty'r noson honno roedd Meidrym ar fy ôl i'n dod lawr i'r bar ar gyfer cinio'r Gymdeithas Ddofednod. Erbyn hynny roedd wyth glasied yn ei aros. Ie, digwyddiad i'w gofio. Hynny yw, petawn i'n medru cofio popeth!

Mae'r hwyl lawn mor bwysig â'r dangos neu'r beirniadu. Yn wir, rwy'n dal i fwynhau'r ddau. Un peth na wnaeth amharu ar yr hwyl erioed oedd colli. Mae rhai, o golli, yn mynd i hwyl wael ac i bwdi. Ond fe gynghorodd Nhad fi o'r dechrau y dylwn i fod yn yr un hwyliau, ennill neu golli. Hynny yw, ennill yn ddarostyngedig a cholli'n foneddigaidd. Rwy wedi ceisio cadw at hynny. Ac rwy'n gobeithio i fi lwyddo.

Ddim ond ddwywaith erioed wnes i hedfan i sioeau, unwaith i Sioe Ulster ac unwaith i Gaeredin i Sioe'r Ucheldir. Ar y ddau achlysur wnes i ddim symud na llaw na throed ar yr awyren. Ro'n i'n dal fy hunan mor stiff â phrocer. Ro'n i wedi rhewi yn fy sedd. Rwy'n un sy'n hoffi cadw fy nhraed ar y ddaear, ymhob ystyr. Wedi'r cyfan, dyw ieir ddim yn medru hedfan yn bell iawn, chwaith!

Wrth edrych nôl fe fyddai'n hiraethu am yr hen ddyddiau. Mae honno'n diwn gron gan y genhedlaeth hŷn, rwy'n gwybod. Fe fyddwn ni'n cwyno fod bywyd wedi newid, a hynny er gwaeth. Magwyd fi mewn cymuned gefn gwlad nodweddiadol o'r cyfnod. Roedd cymdogaeth dda'n beth naturiol bryd hynny. Roedd e'n gyffredin ddim yn unig rhwng cymdogion. Roedd helpu'n gilydd yn gynneddf naturiol a greddfol.

Fe fyddai ambell dramp yn galw yn Nrefach ac yn cael gwaith gan Nhad am wythnos neu ddwy cyn symud ymlaen. Dyna oedd y patrwm, gweithio am wythnos neu bythefnos i gael digon o arian i fynd ar y cwrw am ychydig ac wedyn symud ymlaen eto. Rwy'n cofio un yn arbennig, Gwyddel o'r enw Dick Dalton, yn gofyn i Nhad am fenthyg coron, sef pum swllt, ar gyfer cerdded tua'r gogledd i geisio'i lwc. Fe adawodd ei watsh boced fel ernes. Wnaeth Nhad ddim breuddwydio y gwnâi ei weld e byth wedyn. Ond ymhen tua blwyddyn fe ddaeth yn ôl â choron i Nhad. Gan i'r Gwyddel fod mor onest fe roddodd Nhad ei watsh yn ôl iddo a chaniatáu iddo gadw'i goron. Rwy'n siŵr fod nifer o'r tramps hyn yn dod o deuluoedd da. Roedd crugyn ohonyn nhw ar gered wedi'r Ail Ryfel byd yn arbennig, y rhyfel wedi eu diwreiddio nhw, siŵr o fod. A'r unig beth i'w wneud oedd cymryd at yr hewl.

Welwch chi ddim tramp bellach. Cofiwch, mae digon yn begera ar strydoedd y trefi a'r dinasoedd, yn cynnwys Llanbed, ond does neb yn cerdded o le i le. Mae pawb bellach yn godro'r system ac yn rhy ddiog i gerdded ymhell iawn.

Mae'r darlun wedi newid yn llwyr, yn enwedig yn y cefn gwlad. Pawb dros ei hunan yw hi bellach. Welwch chi fawr neb yn cefnogi digwyddiadau lleol y dyddiau hyn. Mae pawb yn rhy ddiog neu'n rhy ddifater i godi o'u tai. Welwch chi ddim mo'r teulu bellach o gwmpas y bwrdd adeg bwyd. Mae pawb â'u pennau yn y sgrin deledu neu'r cyfrifiadur, yn union fel ieir batris. Ac fe wyddoch chi beth ydw i'n feddwl o'r arferiad o gadw ieir yn gaeth.

Mae patrwm diwrnod cyffredin i fi bellach yn syml iawn. Fydda'i ddim yn codi'n rhyw fore iawn erbyn hyn. Does dim angen. Wedi brecwast fe fyddai'n mynd draw gyda Helena i Ddrefach i ollwng y cant a hanner o adar allan a'u bwydo nhw. Fe wnân nhw fwyta o'n dwylo ni. Maen nhw'n nabod Helena a finne mor dda, maen nhw'n hyd yn oed yn nabod sŵn y car. Pan glywan nhw'r car yn nesáu fe fyddan nhw'n cyffroi yn llwyr ac yn clwcian yn uchel. Ond tawn i'n digwydd gyrru car dieithr, wnân nhw ddim cyffroi o gwbwl. Ond fe wnân nhw nabod fy llais i ar unwaith, a llais Helena hefyd. Mae rhai pobol yn credu nad oes fawr ddim synnwyr cyffredin gan iâr. Ond mae mwy ym mhen iâr na sydd ym mhen llawer o bobol rwy'n nabod.

Rwy'n cofio mynd gyda Nhad i sioe'r West Midland, lle'r enillodd un o'i hwyaid. Fe wnes i fynd i'w chasglu hi, ond roedd hi yng nghanol hwyaid eraill. Sut oedd ei hadnabod hi? Dyma fi'n galw arni, a hithau'n ateb gyda'i 'Wâc! Wâc!' Oedd, roedd hi wedi nabod fy llais.

Ar hyn o bryd, y ceiliog gorau sydd gen i yw *Brahma* o'r enw Bob. Helena, wrth gwrs wnaeth ei fedyddio. Fe fyddai'n siarad ag e, ac yntau'n ateb yn ei iaith ei hun. Mae e'n rhyfeddod.

Fe fyddai'n treulio rhyw awr gyda nhw yn y bore. Weithiau fe wna'i alw eto tuag amser cinio. Yna, cyn iddi nosi fe fyddai'n mynd draw eto i gau'r adar mewn fel eu bod nhw'n saff rhag llwynogod.

Er nad ydw i'n cadw cymaint ag y bues i, fe fu'r tymor fyny at ddechrau hydref diwethaf y gorau yn fy hanes i. Fe bues i'n llwyddiannus yn sioeau Aberystwyth, sef sioe gynta'r tymor, yn y Sioe Frenhinol, yn Aberhonddu, Sir Benfro, Talybont a Sir

Feirionnydd. Ymhlith y gwobrau cyntaf roedd dau Brif Bencampwr a dau Brif Bencampwr wrth gefn.

Fe enillais i wyth gwobr gyntaf yn Aberystwyth, deg yn Llanelwedd, chwech yn Aberhonddu, wyth yn Sir Benfro, tair yn Nhalybont ac wyth yn Sir Feirionnydd, heb sôn am grugyn o ail a thrydydd.

O ran beirniadu, mae fy nyddiadur i'n llawn. Fe fyddai'n beirniadu saith mil o adar yn Sioe Stafford. Fe fyddai'n beirniadu wyau hefyd. Ond fydda'i byth yn dangos wyau. Wyau gwynion gewch chi o'r bridiau ysgafn, yr *Ancona, Leghorn, Minorca* a'r *Andalusian*. Fe gewch chi wyau tywyllach gan y bridiau trwm fel y *Rhode Island, Sussex, Orpington* a'r *Rock*.

Rwy'n aelod o nifer o wahanol gymdeithasau bridio, y *Leghorn, Minorca, Rock, Orpington, Sussex, Brahma*, y *White* a'r *Black Wyandotte*.

Mae fy mywyd i heddiw'n llawn. Fe wnes i ddathlu fy mhen-blwydd yn bedwar ugain oed ym mis Awst 2012. Roedd dros gant a hanner o westeion yn y parti. Fe wnaeth Helena droi'r garej yn far a lle bwyta. Roedd hi fel Stesion Paddington yma, pobol yn dod mewn a mas drwy'r dydd.

Mae un peth yn arbennig rwy'n ddiolchgar iawn amdano wrth edrych yn ôl ar fy mywyd. Fe lwyddais i gadw fy iechyd. Dw'i ddim wedi bod o dan y gyllell erioed a dw'i ddim wedi dioddef unrhyw salwch difrifol. Rwy'n dioddef o'r fogfa, neu'r asthma. Ac fe fedrech gredu mai'r peth olaf ddylwn i ei wneud felly fyddai cadw ieir. Ond na, yn ôl arbenigwr meddygol yn Ysbyty Bronglais, Aberystwyth, dyw ieir ddim yn broblem i fi. Ond, medde fe, petawn i'n cadw colomennod fe fyddai'n stori arall. Fe fyddai'n rhaid i mi roi'r gorau i'w cadw nhw oherwydd y llwch sy'n casglu yn eu plu.

A finne'n ymddangos mai hen lanc fyddwn i hyd ddiwedd fy oes, fe wnes i setlo mewn i fywyd priodasol yn llawer haws nag oeddwn i wedi ei ofni. Ac fe briodi Helena'n fendithiol. Rwy'n cael help nawr gyda phob agwedd o fridio'r ffowls. Yn wir, mae Helena wedi dod yn hoff iawn o'r adar. Erbyn hyn mae hi'n gwneud mwy o ffws o'r ieir na mae hi'n wneud ohona i.

Fydda'i byth yn enwi gwahanol adar. Mae yna ormod ohonyn nhw. Ond mae gan Helena ffefryn. Ac mae hi wedi ei enwi yn Roxy. *Barred Plymouth Rock* yw e. Mae e wedi ennill sawl gwobr a hwnnw yw ffefryn Helena. Dim ond iddi waeddi ei enw, fe aiff e ati. Mae e'n rowndo'n fflonsh ag un aden lawr a dod ati.

Mae Helena bymtheg mlynedd yn iau na fu, a pheth da fu priodi cywen ifanc. Rodd hi wedi meddwl erioed y byddai hi, ar ôl priodi, am gael dau blentyn. Yn lle hynny fe gafodd hi un, sef fi, a llond y clos o ieir a hwyaid.

Fe fyddwn ni'n mynd i sioeau gyda'n gilydd nawr, Helena'n gyrru. Ddim ond nôl ac ymlaen i'r fferm fyddai'n gyrru erbyn hyn. Mae hi hefyd yn adnabod y gwahanol fridiau. Yn wir, fe allai hi feirniadu bellach.

Ydi, mae Helena erbyn hyn yn chwarae cymaint o ran â fi gyda'r adar. Does neb tebyg iddi am werthu tocynnau raffl i godi arian at y gwahanol gymdeithasau bridio. Fe allai Helena werthu crib i Gardi moel. Dyma beth ddywedwyd amdani yng nghylchgrawn y *Minorca Club*:

'Helena's charm and smiles always seem to work as she goes on the prowl with her books of raffle tickets. If you are really lucky, you will get a recipt for your purchases from Helena's trademark lipstick on your cheek.'

Rwy mor frwdfrydig ag y bues i erioed. Wrth gwrs, mae rhywun yn arafu wrth heneiddio. Mae Helena am i fi dorri lawr ar nifer yr adar dwi'n eu cadw. Ond y gwir yw mai nhw sy'n fy nghadw i. Ac yn fy nghadw i'n ifanc fy ysbryd, yn iach, gorff ac enaid ac yn ffit ar yr un pryd. Ac iddyn nhw mae'r diolch fod gen i gymaint o ffrindiau, pell ac agos.

A beth am y dyfodol? Digon yw dweud na fydd yr hen dderyn hwn yn barod i glwydo am sbel fach eto. Tan hynny, fe fyddai'n dal i glwcian a chlochdar.

Cyfres Llyfrau Llafar Gwlad – rhai teitlau

Cyfrol o ddiddordeb yn yr un gyfres

LLYFRAU LLAFAR GWLAD

75

Llên Gwerin T. Llew Jones

Casgliad o straeon, portreadau a thraddodiadau gwerin
gan T. Llew Jones, a fu'n gyfaill mawr i *Llafar Gwlad*